KB161305

What ?
Do You Want

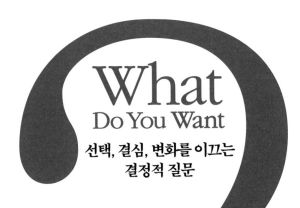

What
Do You Want

선택, 결심, 변화를 이끄는
결정적 질문

김호 지음

푸른숲

나와 매일 질문을 나누는 파트너 은령에게

차례

7 뭔가 하긴 해야 할 것 같은데, 딱히 뭘 할지 모르겠다면 이렇게 물어보세요

일러두기

이 책에 등장하는 대화는 저자가 직간접적으로 접한 사례 중 반복적으로 등장하는 주제를 재구성한 것이며 인물의 이름은 모두 가명이다.

내 삶에 필요한 단 하나의 질문

"부자가 되고 싶나요?"라는 질문에 대부분의 사람들은 당연히 "예"라고 대답할 것입니다. 하지만 "어떤 부자가 되고 싶은가요?"라는 질문에 그저 "예"라고 답할 수는 없습니다. "어떤 부자는 무슨, 돈 엄청 많은 부자!"라고 하는 사람이 있는가 하면, 이 질문을 놓고 신중하게 생각해보는 사람도 있습니다. 제가 실제 들어본 답변들을 살펴보죠.

"집(세) 문제로 더 이상 고민하지 않아도 되는 상태."

"식당에서 가격을 신경 쓰지 않고 어떤 메뉴든 주문할 수 있는 상태. 그리고 디저트를 시킬지 말지 고민하지 않아도 되는 상태."

"사고 싶은 책을 아무런 고민 없이 살 수 있고, 여유롭게 독서를 즐길 시간이 있는 상태."

"일하지 않아도 매달 최소 300만 원의 수입이 들어오는 상태."

"몸이 아플 때 전문가의 도움을 받을 수 있는 상태."

"해마다 2주 가량 부담 없이 해외여행을 갈 수 있는 상태."

이 답변 속에서 우리는 각자가 원하는 부자로서의 삶의 모습이 다르다는 사실을 알 수 있습니다. 《돈의 심리학》의 저자 모건 하우절은 돈이 주는 최고의 가치를 "일하고 싶을 때, 일하고 싶은 사람과, 일하고 싶은 만큼만 일할 수 있는 것"이라고 말한 적이 있습니다. 그는 한 발 더 나아가 부와 관련된 2가지 단어를 비교합니다. '리치rich'란 원하는 것을 마음껏 살 수 있을 만큼 수입이 많은 상태인 반면, '웰스wealth'란 소비할 수 있는 돈이 있어도 절약하고, 저축과 투자로 경제적 토대를 마련해놓아 삶에서 독립성과 자율성을 누릴 수 있는 상태를 말합니다.[1]

성공 역시 마찬가지입니다. 가수 고 신해철(1968-2014)은 생전 마지막 강연에서 "마흔 살이 되어 얼굴 마주치고 싶지 않은 사람을 안 보면서 먹고살 수 있다면 그게 성공"이라고 말했습니다. 가수 이적 역시 "싫은 사람과 일하지 않아도 먹고사는 데 지장이 없는 상태"라고 성공을 정의한 적이 있습니다.[2]

어떤 사람은 막연하게 돈과 수입이라는 요소만 염두에 두고 부와 성공의 꿈을 꿉니다. 하지만 "어떤 부자가 되고 싶은가?" 혹은 "나에게 성공한다는 것은 어떤 의미인가?"와 같이 한층 더 깊이 들어간 질문에 대해 진지하게 생각해보는 사람도 있습니다. 이렇듯 똑같은 질문을 어떻게 해석하는지, 스스로에게 어떤 질문을 던지는지에 따라 우리 삶의 방향은 완전히 바뀝니다.

도대체 무슨 책이길래 이런 이야기로 시작했는지 궁금하실 것 같군요. 이 책은 '질문 선집'이자 '질문 독해집'입니다. 질문이 중요한 이유는 질문이 변화의 계기를 만들어내기 때문입니다. 질문하지 않는다면 우리는 그냥 살던 대로 살아가게 되지요. 물론 어느 쪽이든 자신이 원하는 대로 살면 되지만, 만약 지금 내 삶의 상태를 벗어나 변화하고, 새로운 삶을 살아가고 싶다면 때로 불편한 질문, 정답이 없는 질문도 마주해야 합니다.

저는 오랫동안 기업의 CEO나 임원을 대상으로 전략적인 질문을 던져 그들이 새로운 시각에서 자신의 상황을 바라봄으로써 더 나은 의사 결정을 할 수 있도록 돕는 코치로 먹고살아왔습니다.

처음에는 훌륭한 커뮤니케이션 컨설턴트가 되고 싶다는 욕망으로 일을 시작했습니다. 대학원 여름방학 기간에 인턴을 한 경험을 바탕으로 에델만이라는 글로벌 커뮤니케이션 기업에 정식으로 입사하게 된 것이지요. 중간에 미국계 바이오 제약회사인 MSD[Merk Sharp & Dohme]에서 커뮤니케이션 팀장으로 일한 뒤, 다시 에델만에 돌아왔습니다. 그러고 보니 인턴까지 합치면 에델만이라는 회사에 세 번을 입사한 셈입니다.

뒤에서 보다 상세하게 말씀드리겠지만, 2003년 오랜 기간 대만에서 일하던 미국인 상사에게 컨설팅과 코칭의 차이에 대한 질문을 받고 코칭이라는 분야에 관심을 갖게 되었습니다. 인턴으로 시작한 에델만에서 2004년 사장이 되었고, 그 뒤로 3년간 역대 최고 매출을 경신하며 좋은 성과를 냈지만, 제 관심은 경영보다는 코칭에 있다는 것을 깨달았습니다. 더 늦기 전에 독립해서 1인 기업으로 전문적인 코칭을 해보겠다고 결심한 것이 2007년이었습니다. 그렇게 설립한 더랩에이치에서 저는 20년 가까이 전문 코치로 활동해오고 있습니다.

맞습니다. 제 직업은 더랩에이치 대표가 아니라 고객에게 질문을 던지는 코치입니다. 코칭에 대해 들어보신 분도 있고, 직간접적으로 경험해보신 분도 있고, 생소하게 느끼는 분들도 있겠지요. 여기서 제가 직업적으로 실천하고 있는 코칭에 대해 말씀드리고 넘어가겠습니다. 코칭이 무엇인지 정확히 알고 나면 독자 여러분께서 이 책에 등장하는 코칭 대화를 더 잘 이해하실 수 있을 테니까요.

코칭은 스스로 변화하고자 하는 사람을 돕기 위한 대화입니다. 여기에서 변화란 누군가를 억지로 변화시키는 것을 의미하지 않습니다. 진정한 변화란 자기가 원할 때 일어나기 때문입니다. 조직개발 분야 연구자이자 컨설턴트 어빙 보윅Irving Borwick은 이렇게 말했습니다. "사람들은 변화에 저항하는 것이 아니라 변화당하는 것에 저항할 뿐이다."[3] 저는 이 말을 처음 보고는 손바닥으로 허벅지를 딱 소리 나게 치면서 감탄했습니다. 진실을 정확하게 짚어낸 말이기 때문입니다. 사람들은 자신이 원할 때 누가 뭐라 하지 않아도 스스로 변화하기 위해 노력합니다. 그래서 저는 회사 측에서 임원이나 관리자급 직원을 코칭해달라고 의뢰하면 가장 먼저 본인이 코칭을 원하는지, 원한다면 어떤 모습으로 변화하고 싶은지 묻습니다.

그렇다면 코치는 고객과 무슨 대화를 할까요? 컨설턴트가 고객의 문제에 답을 준다면, 코치는 질문을 합니다. 코치는 질문을 통해 고객이 자신과 마주하여 대화할 수 있도록 도와주는 역할을 합니다. 그래서 제 고객들은 자기 분야에 관해서라면 아무 막힘 없이 술술 답변하는 전문가들이지만, 제가 질문하면 종종 멍하게 있곤 합니다. 매우 자연스러운 장면입니다. 코칭에서 질문은 지식을 묻거나 시험하기 위한 것이 아니라 새로운 길을 찾고 지혜를 발견하기 위한 것이기 때문입니다.

저는 주로 기업의 임원들을 코칭하기에 주로 리더십이나 조직 커뮤니케이션을 주제로 코칭 대화를 나눕니다. 하지만 《쿨하게 생존하라》, 《나는 이제 싫다고 말하기로 했다》, 《그렇게 물어보면 원하는 답을 들을 수 없습니다》, 《직장인에서 직업인으로》 등 여러 권의 책을 내면서 전국의 다양한 독자들과 온·오프라인에서 만나고, 2022년부터 트레바리에서 매달 4시간 가까이 독서 모임을 진행하면서 사람들이 중요한 결정을 앞두고 어떤 것에 대해 고민하는지 알 수 있었습니다.

그러나 현장에서 독자분들과 이런 주제로 깊이 있는 대화를 나누기는 현실적으로 쉽지 않았습니다. 그래서 형식은 제가 기업 고객과 심도 있게 나누는 일대일 코칭 대화 방식을 취하면서, 내용은 그동안 서점, 북클럽, 버추얼 모임에서 다양한 독자분들과 나누었던 고민들을 결합해서 책을 써보면 좋겠다는 생각을 하게 되었고, 그 결과물이 바로 여러분이 지금 읽고 계시는 이 책입니다.

이 책에서 여러분들께 가상 코칭 대화를 나누는 모습을 보여드릴 것입니다. 코칭 대화 형식을 빌린 것은 제가 독자 여러분께 일방적으로 답을 제시하기보다는 여러분이 각자의 상황에서 주체적으로 생각할 수 있는 질문을 나누고 싶었기 때문입니다. 같은 질문이라도 각자의 답은 다를 수 있습니다. '코칭노트', '코칭세션', '스페셜팁' 등의 코너를 마련해놓았으니 스스로 질문하고 답하는 데 이 책을 활용해보시기 바랍니다.

이 책에 등장하는 에피소드는 모두 제가 직간접적으로 경험한 사례를 기반으로 하고 있습니다. 그중에서도 다수의 비슷한 사례를 연결하고 재구성하여 개인적인 정보는 보호되도록 조치하였습니다. 아울러 이 책에서 '그'라는 말은 여성, 남성, 제3의 성 등 모든 성별을 포함하는 표현이라는 점을 이해해주셨으면 합니다.

살아가고, 일하고, 관계 맺는 과정에서 어떤 의사 결정을 해야할지 고민이 될 때 이 책을 펼치시기 바랍니다. 저는 이 책을 통해 여러분이 스스로에게 던질 수 있는 더 나은 질문들을 찾아내고, 여러분 각자가 자기만의 방식으로 그 질문에 답할 수 있도록 도와드리고자 합니다. 하루하루 어떤 질문과 함께 살아가는지가 우리 삶을 바꾼다고 저는 굳게 믿기 때문입니다.

아무쪼록 여러분께서도 이 책의 대화에서 나오는 질문과 마주하며 자신만의 답을, 누구도 가르쳐주지 않는 스스로의 해답을 반드시 발견하시기를 기원합니다. 자, 그럼 이제 시작해볼까요?

1

내가 정말 잘 살고 있는지
궁금하다면 이렇게 물어보세요

세상에서 가장 중요한 질문,
"What Do You Want?"

'나, 잘 살고 있는 걸까?'

자신이 삶에서 원하는 것이 무엇인지 알아야 이 물음에 답할 수 있습니다. 원하는 방향으로 하루하루 살아가고 있다면 잘 살고 있는 것이고, 그렇지 않다면 방향 전환이 필요한 때이겠지요.

직장 생활 10년 차 팀장인 30대 중반 교석은 최근 힘든 날들을 보내고 있습니다. 매일 수많은 회의로 정작 집중해서 일할 시간이 부족하고, 결혼 이후 삶의 변화에 적응하느라, 육아하느라 아주 바쁩니다. 주말마저 일 생각으로 마음이 편치 않은 상태가 계속되다 보니, 최근 들어 이런 생각이 자주 듭니다. '나 정말 잘 살고 있는 걸까?' 주위 사람들이 누구보다 잘 살고 있다고 응원하고 칭찬해주어도 위안이 되기는커녕 오히려 더더욱 의문이 드는 것입니다.

"팀장님은 삶에서 무엇을 원하시나요?"

제가 묻습니다. 교석은 한참 창밖을 쳐다봅니다. 이럴 때는 저도 차를 마시며 기다립니다. 침묵 역시 대화의 일부니까요.

"질문을 좀 더 좁혀주실 수 있을까요?"

"그럼요. 중요한 질문은 보통 열린 질문이기는 하지만 그래도 너무 막연하죠? 그럼 3가지 영역으로 나누어서 질문해볼게요. 먼저 가장 중요한 관계에 있는 사람은 누구인가요?"

짧은 침묵에 이어 그가 중요한 질문을 합니다.

"코치님, 중요한 관계라는 것을 어떻게 정의할 수 있을까요?"

"언젠가 정신과 의사이자《관계의 언어》작가인 문요한 씨와 차를 마시다가 관계에 대해 질문한 적이 있어요.⁴ 상대방과 함께할 때 서로의 세계가 확장되는 관계가 좋은 관계라는 작가님의 말에 공감이 되더군요. 여기에서 키워드는 '확장'이라고 생각해보지요. 지금 떠오르는 사람이 있나요?"

"우선 아내와 아이가 가장 먼저 생각나요. 그리고 가장 친한 친구 3명과, 일과 관련해 새로운 아이디어를 공유하거나 의미 있는 대화를 자주 나누는 선배와 후배가 각각 한 사람씩 떠오르네요. 지금 생각나는 사람들은 이렇게 일곱 사람입니다."

저는 교석에게 보라색 수첩을 선물하면서 '관계'라는 이름의 컵을 그리고, 그 컵에 중요하게 여기는 사람들의 이름을 적어보라고 했습니다.

"아주 구체적으로 말해주셨어요. 좋은 출발인데요? 그럼 다음 질

관계

문. 팀장님은 깨어 있는 시간 대부분을 직장에서 일하며 보내고 있지요. 일하면서 스트레스를 받을 때도 많겠지만 힘든 과정 속에서도 성취감을 느끼고, 에너지가 차오르는 경험을 할 때도 있을 텐데요. 여기에서 키워드는 '성장'입니다. 팀장님은 일하면서 언제 성장의 경험을 하나요?"

"저에게는 직업적인 정체성이 꽤나 중요한 것 같아요. 기획자로서 일하는 시간이 매우 소중하고, 지속적으로 성장하고 있다고 느끼며 일하고 있어요. 앞으로도 다른 직장에 가든 독립해서 사업을 하든 기획자로 일하며 살아가고 싶어요.

그런데 요즘은, 이게 제가 원했던 건가 싶어요. 저는 기획하는 일 자체를 좋아하고 이 일을 할 때 힘이 나는데 지금은 관리 영역의 일이 많거든요. 기획 업무를 잘해서 팀장이 되었는데 아이러니하달까요."

이 대답에서 그의 고민을 해결하기 위한 힌트를 찾을 수 있을지도 모르겠습니다. 저는 하나 더 묻습니다.

"팀장으로 일하면서 좋은 점도 있나요?"

"하나 있기는 해요. 회사 내부나 외부에서 만나는 사람들의 폭이 확연히 넓어진 것? 그게 때로 좋은 점이긴 합니다."

"만나는 사람들의 폭이 넓어진 것이 팀장님에게 좋게 작용했나 보군요. 조금 더 자세히 설명해주실 수 있을까요? 왜 그게 좋은지?"

"팀원 시절에 접하지 못했던 다양한 사람들을 만나 신선한 자극을 받곤 해요. 예전에는 참여하지 않던 미팅에 들어가는 일도 잦은데, 그 자리에서 새로운 아이디어를 많이 얻어서 좋고요."

"팀원일 때는 하지 못했던 경험이겠네요. 팀장으로 일하면서 많은 사람을 만나 새로운 아이디어를 얻을 수 있어서 좋다고 했는데, 이 일이 기획자로서 열정을 갖고 있는 팀장님에게 의미하는 바가 있다면 무엇일까요?"

"장기적으로 보면 팀장으로 일한 경험이 기획자로 활동하는 데 도움이 되는 부분이 분명 있을 것 같아요. 여러 사람들과 만나면서 시도해보고 싶은 기획 아이디어들이 생기니까요."

저는 그에게 보라색 수첩에 '일'이라는 두 번째 컵을 그린 뒤, 그 안에 일에 관해 정말 중요하게 생각하는 것을 적어보라고 권했습니다. 그는 "일상의 다양한 경험에서 아이디어를 얻어 더 나은 기획자로 성장하는 것"이라고 적어 넣었습니다.

관계   일

이제 세 번째 영역으로 넘어갑니다.

"지금까지 관계와 일에서 팀장님이 무엇을 중요하게 생각하는지 알아봤어요. 마지막으로 팀장님 개인의 삶에서 중요한 것은 무엇일까요? 여기에서 중요한 키워드는 '솔로'입니다. 이미 결혼했으니 솔로가 아니라고 생각할지 모르지만, 제가 말하는 개인의 삶이란 결혼이나 연애 여부와 상관없이, 다른 사람과 함께하기보다는 혼자만의 시간에 하고 싶은 것, 즉 자기 안의 욕망에 관한 것입니다."

교석은 숨을 깊이 들이쉬고는 말을 이어갑니다.

"저의 삶을 지탱해주는 건 바로 달리기예요. 운동할 시간이 많지 않아서 언제 어디서든 맨몸으로 바로 할 수 있는 달리기를 시작했거든요. 하면 할수록 점점 삶이 변화하는 것을 느껴요."

그러고는 수첩에 세 번째 컵 '개인'을 그린 뒤, 그 안에 "나의 삶을 지탱해주는 달리기"라고 적었습니다.

관계   일   개인

자기만의 질문이 없다면
자기만의 여정을 떠날 수 없다

만약 누군가 제게 질문 중에 가장 중요한 것 하나를 고르라고 한다면 저는 주저 없이 이 질문을 꺼낼 겁니다.

'나는 과연 무엇을 원하는가?'

북토크 자리에서 사인을 요청받을 때면 저는 항상 독자의 이름 아래에 "What do you want?"라고 크게 쓰고는 일자를 적고 사인을 하곤 했습니다. 그만큼 중요한 질문이기 때문입니다.

왜 이 질문이 중요할까요?

사람들은 대부분 성인이 된 이후에도 자신이 무엇을 원하는지 모른 채 하루하루를 바쁘게 보냅니다. 어린 시절에는 집에서 부모가, 학교에서 교사가 나에게 무엇을 기대하는지 신경 씁니다. 성인이 되고 나서는 직장에서 상사와 고객이 나에게 기대하는 것이 무엇인지에 집중합니다. 물론 주변 사람들이 나에게 무엇을 기대하는지 알아차리는 일은 중요합니다. 그래야 승진하는 데에도 도움이 되고, 고객에게 서비스나 상품을 팔 수도 있으니까요. 문제는 남들이 나에게 바라는 것만 중요하게 여기다가, 정작 내가 원하는 것이 무엇인지 모를 때 발생합니다.

수년에서 10년 이상 자신을 혹사하다가 문득 그런 생각이 들 때가 있습니다. '이게 내가 정말 원하는 삶일까?' 사람들은 앞만 보고 열심히 달려오다가 어느 날 번아웃이 오거나, 병에 걸리거나, 직장에서 명예롭지 않은 방식으로 명퇴를 당하고 난 뒤에야 정말 이것이 자신이 원하는 삶이었는지를 묻곤 합니다.

내가 정말로 원하는 것이 무엇인지 묻다 보면 내가 막연하게 원한다고 생각했던 것이 실은 아닐 수도 있음을 깨닫게 됩니다. 예를 들어보지요. 사람들은 돈을 많이 버는 것이 성공이고 오래 사는 것이 행복이라고 생각합니다. 저 역시 오랫동안 그렇게 생각해왔습니다. 내 삶에서 내가 정말 무엇을 원하는지 묻지 않고서 대다수의 사람들이 원하니까 저도 그럴 것이라 생각했지요.

하지만 'What do you want?' 하고 스스로에게 물으면서 제가 원하는 것은 조금 다를 수도 있겠다는 생각을 점차 하게 되었습니다. 결국 저는 '더 많은 돈'보다는 '더 많은 자유 시간'을 원한다는 사실을 깨달았습니다. 저에게 성공은 막연하게 돈만 많이 버는 것이 아니었습니다. 제가 원하는 것은 자원으로 치면 '시간 부자'입니다. 더 정확히 말해 건강한 몸과 마음의 상태로 하고 싶은 일을 하는 시간을 최대한 확보하는 시간 부자이지, 단지 길게만 사는 시간 부자는 아닙니다. 그래서 저는 돈을 더 벌 기회가 있을 때, 이것이 내 시간을 '가난하게' 만들지는 않을지 꼭 따져봅니다.

이 책에서 여러분께 제시하는 모든 질문은 어떤 형태로든 첫 번째 질문인 '나는 무엇을 원하는가?'와 연결되어 있습니다. 알고 보면 삶에서 마주하게 되는 의사 결정은 크게 3가지 관계 속에서 일어납니다. 바로 타인과 나, 일과 나, 그리고 자기 욕망과 나 사이의 관계입니다. 우리가 가진 선택지는 새로 시작하거나, 끝내거나, 유지하는 것 중 하나입니다. 그리고 의사 결정을 할 때 가장 먼저 할 일은 내가 이 관계 안에서 무엇을 원하는지 묻는 것입니다.

자기만의 질문은 새로운 여정을 위한 비행기 티켓과도 같은 것이어서, 자기만의 질문이 없으면 결국 자기만의 여정을 떠날 수 없습니다. 물론 자기만의 질문이 없어도 여행을 떠날 수는 있습니다. 부모, 선생, 상사, 친구 등 남들이 내 삶의 여정을 다 짜놓고 나는 그 길을 따라가기만 하는 '패키지 여행'도 있으니까요. 그것이 정말 여러분이 원하는 삶이라면 그 여정을 떠나면 됩니다. 그러나 이 책은 자기만의 여행을 계획하고, 떠나고 싶은 사람을 위한 것입니다.

나만의 질문을 갖고 나서는 완벽한 답을 아는 것은 더 이상 중요하지 않습니다. 가능하지도 않죠. 질문에 대한 자기만의 답을 찾아가는 과정으로부터 내 삶의 성장을 만들어갑니다. 자기만의 질문을 갖는다는 것은 자기 삶을 만들고 살아가기 위한 자기만의 보물 지도를 손에 넣는 것과 같지요.

이 책을 쓰기로 결심할 때도 마찬가지였습니다. 처음에는 또 한 권의 책을 내는 것이 내가 지금 원하는 일인지 물어야 했습니다. 출간을 결심하고 나서는 이 책에 무엇을 쓰고 싶은지 오랜 시간을 들여 스스로에게 물어야 했습니다. 심지어 원고를 제법 쓴 상태에서도 이게 정말 내가 하고 싶은 이야기인지 다시 물었습니다. 그렇게 책 쓰기라는 내 안의 욕망과 나 사이에서 엎치락뒤치락하다가 미국 출장길 비행기 안에서야 정말 제가 말하고 싶은 것을 찾아낼 수 있었습니다.

이 글을 쓰고 있는 지금은 토요일 저녁입니다. 저는 저에게 다시 묻습니다. 내일, 일요일은 어떻게 보내고 싶은지.

매 장마다 독자 여러분을 위한 코칭세션을 마련했습니다. 간단한 질문들이지만, 어쩌면 답변하는 데는 시간이 좀 걸릴 수도 있습니다. 정답은 없습니다. 중요한 것은 여러분 마음에 와닿는 질문을 발견하고, 그 질문과 함께 살아가는 것입니다. 자기만의 질문에 답하는 여정 속에서 스스로에 대해 새로운 발견을 하고, 지금까지와는 다른 삶을 살아갈 용기를 낼 수 있을 거예요.

자, 첫 번째 세션입니다. 제가 만약 여러분께 "What do you want?"라고 묻는다면 여러분은 어떻게 대답하시겠어요? 여기에는 3가지 질문이 있었습니다. 타인과의 관계(확장), 일과의 관계(성장), 자기 안의 욕망과의 관계(솔로). 이렇게 3개의 컵을 떠올리면서 아래 질문에 답해보세요.

✅ 함께 시간을 보내거나 대화를 나누면 자신의 세계가 확장된다고 느끼는 사람들이 있나요? 그렇다면 그들은 누구인가요?

_____

_____

_____

_____

_____

✅ 일을 하는 과정에서 성장한다고 느낄 때는 언제인가요?

_____

_____

_____

_____

_____

✅ 혼자 있는 시간에 즐기는 것들 중 내 안의 욕망을 채우는 활동은 무
엇인가요?

_____

_____

_____

_____

_____

아직 이 질문들이 부담스럽다면...

위의 질문들에 답하기에는 에너지가 다소 떨어진 상태일 수 있어요. 누구
나 그럴 때가 있지요. 만약 그렇다면 예쁜 물건을 잔뜩 파는 문구점에 가서
(인터넷 쇼핑도 좋지만 가능하다면 몸을 움직여 직접 가보시길 권해요) 마음에 드
는 노트 하나를 일단 구입해보세요. 버리기 아까울 정도로 멋지고 조금은
비싼 노트를!

현재 어디에 시간과 돈을 가장 많이 쓰고 있나요?

일주일이 지나 교석과 다시 만났습니다. 지난주에 비해 한결 밝은 모습이었습니다. 저는 지난 한 주간 시간을 어떻게 썼는지 되돌아보자고 제안했습니다.

"지금부터 15분 정도 시간을 드릴 테니, 캘린더를 보면서 지난 일주일, 168시간(24시간×7일)을 어떻게 보냈는지 한번 살펴보세요."

잠은 얼마나 잤고, 회의는 몇 시간 동안 했으며, 식사 시간은 얼마나 되었는지, 사람들과 만나는 시간, 이동 시간, 혼자만의 시간 등 일주일 동안 어디에 어떻게 시간을 썼는지 분석해보라는 이야기였습니다. 그사이 저는 잠시 밖에 나가 바람을 쐬고 돌아왔습니다.

"이제 지난주에 그린 컵 3개를 다시 볼까요?"

방금 전에 분석한 내용을 기반으로 중요하게 생각하는 3가지 영역에 시간을 얼마나 썼는지 살펴보았습니다.

"이렇게 하고 보니, 의외로 제가 마음대로 사용할 수 있는 시간이 별로 없는 것 같아요. 제가 정말 원하는 일에 쓴 시간은… 따져보면 전체 시간의 10퍼센트 정도밖에 되지 않네요."

"지금부터 하나씩 살펴봅시다. 하루에 잠은 얼마나 주무세요?"

"글쎄요, 보통 밤 11시쯤 자서 새벽 6시면 일어나니까, 매일 7시간 정도?"

"대략 30퍼센트는 수면에 썼네요. 그 정도는 자야 다음 날 힘을 낼 수 있으니 잘 보낸 시간 같아요. 그럼 일주일 중 오롯이 나를 위해 보낸 시간은 언제인가요?"

"출퇴근길에 운전할 때 유일하게 혼자만의 시간을 보낸 것 같아요. 차 안에서 좋아하는 노래나 좋아하는 작가의 강연, 인터뷰를 들으면서 가는 그 시간이 참 좋거든요."

저는 잠시 다른 질문을 던져봅니다.

"최근 3개월 사이에 여러 곳에 돈을 썼을 텐데, 팀장님이 생각하기에 가장 좋은 소비는 무엇이었나요?"

교석은 스마트폰을 열어 최근 신용카드 내역을 확인합니다.

"아내랑 아이와 함께 3박 4일로 부산 여행을 다녀온 일, 기획 관련 온라인 강좌 수강료, 가족과 주말에 외식한 일, 좋아하는 친구들과 술 한 잔했던 것 정도?"

"오케이. 그럼 최근 3개월 동안 가장 잘 쓴 시간은 언제였나요?"

"비슷한 것 같아요. 돌아보니 가족들과 부산 여행 다녀온 시간, 온라인 강의를 들었던 시간이 값졌던 것 같네요. 그리고 평일에는 보통 일하느라 바쁘다 보니 주말에 가족과 조금이라도 시간을 더 보내려고 노력하는데 그것도 잘한 일이라고 생각해요."

"3개의 컵에 지금보다 돈 혹은 시간을 더 쓰고 싶은 생각이 드나요?"

"돈보다는 시간을 좀 더 쓰고 싶어요."

"그렇다면 원하는 곳에 나의 시간을 더 투자할 수 있는 방법은 무엇이 있을까요?"

"우선 가족들과 가까운 곳에 짧게라도 여행을 다녀오는 것은 계속하고 싶어요. 하지만 매주 여행을 갈 수는 없잖아요. 일상생활 속에서 가족과 보내는 시간을 생각해보면 양을 늘리기보다는 질을 개선하고 싶다는 생각이 들어요."

"오호, 양보다 질이라! 좀 더 자세히 얘기해주세요."

"가족들과 있을 때 제가 무얼 하는지 생각해보면 TV나 스마트폰을 보고 있는 시간이 많은 것 같은데, 그러기보다는 아내와 대화하거나 아이와 노는 시간을 늘리면 좋을 것 같아서요."

"좋은데요? 그렇다면 직업적인 전문성을 높여가기 위해 시간이나 돈을 더 투자하는 방법이 있다면 무엇일까요?"

"기획 일지를 쓰고 싶다는 생각을 한 적이 있어요. 아침이나 저녁에 30분 정도라도 시간을 내어 업무 관련 아이디어를 좀 더 체계적으로 정리해나가는 거죠. 이번 기회에 그 작업을 본격적으로 시작해보면 좋을 것 같네요."

"아주 좋은 다짐인 것 같아요. 마지막으로 팀장님이 개인적으로 중요하게 생각하는 달리기에 자원을 더 투자하는 방법이 있을까요?"

"올 가을에 하는 마라톤에 등록해볼까 봐요. 그리고 비싸서 살까 말까 망설이던 장비가 있는데 드디어 살 때가 된 것 같아요!"

Coaching Note

통장에 매일
24만 원이 꽂힌다면?[5]

자, 이렇게 생각해보지요. 매일 밤 12시면 누군가 나에게 24만 원씩 꼬박꼬박 입금합니다. 규칙은 이렇습니다.

1. 매시간 1만 원씩 어떤 '주식'이든 사야 한다.

2. 같은 '종목'에 반복해서 투자할 수 있다.

3. 단, 1시간에 1만 원씩만 투자할 수 있으며 1시간이 지나면 1만 원은 소진된다. 즉, 하루가 지나면 24만 원이 모두 소진된다.

4. 받은 돈은 모아놓을 수 없다.

5. 자정에 다시 24만 원이 입금되면 매시간 1만 원씩 투자를 반복한다.

이 게임이 낯설게 느껴진다면 다시 생각해보기 바랍니다. 이것은 우리가 매일 현실 속에서 반복하고 있는 게임입니다. 다만 '주식'에 작은따옴표를 넣은 것은 우리가 알고 있는 그 주식이 아니기 때문입니다.

예를 들어볼까요? 제가 이 글을 쓰고 있는 시간은 오전 7시 34분입니다. 저는 지금 글쓰기라는 종목에 주어진 1만 원(1시간)을 투자하고 있습니다. 이번 주말에는 최소 6만 원(6시간)을 글쓰기 종목에 투자하려고 합니다. 한편 저는 매일 8만 원(8시간)씩 잠자기 종목에 투자하고, 매주 월요일과 금요일에는 상당 금액을 목공이라는 종목에 투자합니다. 얼마 전에는 리더십 관련 교육을 받기 위해 30만 원(30시간)을 투자했는데, 미국 캘리포니아에서 열린 세미나였기 때문에 오가는 시간까지 합치면 60만 원(60시간) 가까이 투자한 셈입니다.

시간은 저축할 수 없다

우리가 가진 자본에는 몇 가지 유형이 있습니다. 우선 돈이라는 자본과 시간이라는 자본을 살펴보겠습니다. 가장 큰 차이는 돈은 저축할 수 있지만 시간은 저축이 불가능하다는 점입니다. 돈은 한 번에 뭉치로 벌 수도 있고 쓸 수도 있지만, 시간은 몰아서 벌거나 쓰는 것이 불가능합니다. 말하자면 매시간이 1만 원, 매일이 24만 원이고 그 시간이 지나가면 없어지게 됩니다.

시간이라는 자본을 좋은 종목에 투자하면 후에 돈이라는 자본으로 돌려받을 수 있습니다. 예를 들어 어떤 기술을 배우기 위해 시간을 투자했다고 칩시다. 시간은 이미 새로운 일을 배우는 데에 다 써버렸지만, 그때 익힌 기술로 돈을 번다면 이는 시간 자본을 투자하여 돈이라는 자본으로 돌려받는 경우입니다. 이 원고를 쓰기 위해 저는 시간을 쓰고 있지만, 책을 출판하고 나면 인세라는 돈으로 돌려받게 됩니다.

한편 제가 매일 8만 원(8시간) 이상을 잠자기에 투자하는 것은 건강이라는 또 다른 자본을 얻기 위한 것입니다. 좋아하는 사람과 식사하고 대화하는 데에 시간과 돈을 투자하는 것은 행복감이라는 감정적 수익을 얻기 위한 것이지요.

이렇듯 주식 투자를 하는 사람들이 매일 주가 곡선을 체크하듯이 하루를 충실히 보내는 사람들은 '내가 시간을 어디에 투자하고 있는가'를 의도적으로 확인하고 조정하면서 살아갑니다.

그러나 어떤 사람들은 매일 24만 원씩 주어지는 시간이라는 자본을 그다지 원치 않는 곳에 '자동 투자'합니다. 자신의 '주가 곡선'을 오랫동안 살피지 않은 채 말이지요. 그리고는 나이가 들거나, 병에 걸리고 나서야 그동안 시간을 어디에 써왔는지 돌아보게 됩니다. '과연 나는 내가 원하는 투자를 해온 걸까?' 그제야 돈과 달리 시간은 빌릴 수도, 몰아서 쓸 수도 없음을 깨닫고 후회하죠.

시간 투자자의 법칙

주식에도 테마가 있듯 시간이라는 자본을 투자하는 데에도 테마가 있습니다. 크게 3가지로 얘기할 수 있습니다.

첫째, 타인과의 관계 테마입니다. 우정, 사랑, 네트워킹 등 대상마다 다양한 종목이 있습니다. 어떤 사람은 서로 존중감을 주고받을 수 있는 관계를 만들기 위해 시간을 투자하는가 하면, 어떤 사람은 "그날 시간 있어?"라는 말에 대뜸 "응!"이라고 말하고는 원하지도 않는 자리에 나가 시간을 낭비합니다. 이처럼 자기가 무엇을 원하는지 모르면, 즉 자신에게 주어진 시간을 무엇으로 채울지 모르면 다른 사람의 요청에 별다른 기준 없이 자신의 시간을 내어주면서 시간을 흘려보내고 맙니다.

둘째, 일과의 관계라는 테마입니다. 일에서도 성장이라는 테마에 시간 자본을 투자하는 사람이 있는가 하면, 회사에서 주어진 일을 수동적으로 하는 것에 시간을 보내는 사람도 있습니다. 어떤 사람은 관심 있는 일을 찾아 퇴근 후나 주말에도 자기만의 기술과 능력을 발전시켜나가는 일에 시간을 투자하지만, 어떤 사람은 현재 직장과 직책에 안주하며 자신만의 기술을 발전시키는 종목에는 전혀 투자하지 않습니다.

성장 테마의 주식은 자신이 좋아하는 일을 통해서 다른 사람에게 도움과 가치를 주어 의미를 만들어내고, 그로 인해 돈이라는 자원을 벌어다 줍니다. 이 돈을 재투자해 자기가 좋아하는 분야에서 더 성장하고, 더 높은 가치를 만들어내는 선순환을 만들어낼 수 있습니다.

셋째, 자기 욕망과의 관계라는 테마입니다. 독립적인 존재로서 신체적·정신적 건강과 즐거움을 위한 다양한 '종목'들이 있고, 시간 자본을 투자하는 욕망의 대상은 사람마다 다릅니다. 어떤 사람은 운동에, 어떤 사람은 안정을 취하기 위해 휴식이나 명상 등 정신적 활동에 투자합니다. 또 어떤 사람은 즐거움을 얻기 위해 음악, 요리, 목공, 그림 등 자기만의 놀이라는 종목에 투자합니다.

이러한 개인의 삶에 대한 투자는 인간관계나 일에서 겪을 수 있는 번아웃을 예방하거나 극복할 수 있도록 돕습니다. 이런 활동에서 매일 반복되는 일상을 성장시키고 변화시킬 새로운 아이디어를 얻을 때도 있지요. 혼자만의 시간 속에서 자신을 돌아보고 미래를 그려볼 수 있는 정신적 여유가 생겨나기 때문입니다.

물론 돈과 마찬가지로 시간이라는 자본도 각자가 원하는 곳에 투자할 수 있습니다. 어디에 투자하는가를 놓고 왈가왈부할 필요도 없습니다. 문제는 시간을 어디에 투자하고 싶은지 제대로 생각해보지 않고 그냥 매 순간을 '자동 모드'로 투자하고는 나중에 가서야 원하지 않은 곳에 오랜 기간 투자해왔음을 깨닫고 후회하는 경우죠.

한번 시도해보고 싶은 자기만의 프로젝트가 있는데, 직장을 떠나서 해야 할지 말아야 할지 고민하는 경우가 있습니다. 회사를 그만두었을 때 무엇이 가장 걱정되는지 물어보면 대부분 매달 들어오는 월급이 사라진다는 점을 이야기합니다. 더 이상 월급이 들어오지 않

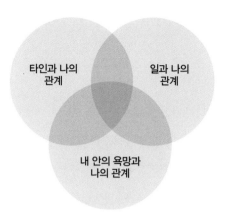

타인과 나의
관계

일과 나의
관계

내 안의 욕망과
나의 관계

삶에서 중요한 3가지 관계

중요한 결정을 앞두고 고민하는 것은 삶의 3가지 관계와 관련이 있다. 예를 들어 이직
이나 퇴직 등은 '일과 나의 관계'에 해당하면서도 '내 안의 욕망과 나의 관계'와도 밀접
하게 연관된다. 일에서 내가 욕망하는 것이 무엇인지에 따라 의사 결정이 달라지기 때
문이다.

내가 'What do you want?'라는 질문을 강조하는 이유는 타인이나 일과의 관계에서
의사 결정을 하려고 할 때 자기 안의 욕망을 제대로 들여다보지 않으면 생각 없이 타인
의 욕망을 따르다 자기가 원치 않는 결정을 하게 되고, 그 결정들이 모여 원하지 않는
삶을 살 가능성이 높아지기 때문이다.

으니 그동안 저축해놓은 돈을 계속 꺼내 써야 한다는 게 부담된다는
겁니다. 저 역시 직장을 떠날 때 똑같은 걱정을 했습니다. 먹고살아
야 하기 때문에 이런 걱정은 당연히 필요하죠.

하지만 돈이라는 자본만 고려해서는 안 됩니다. 만약 지금 직장
에서 하는 일이 내가 하고 싶은 일과는 그다지 상관이 없고, 일하면
서 성장이라고는 할 수 없는 환경이라면 더더군다나 시간이라는 자

본을 꼭 생각해야 합니다. 회사에 다니는 동안 돈은 어느 정도 쌓이겠지만, 중요한 시도를 할 수 있는 시간 자본은 계속 잠식당하고 있기 때문입니다.

물론 직장에 다니면서 새로운 시도를 할 수 있다면 가장 좋겠지요. 중요한 것은 내가 시간 자본을 까먹고 있는 것은 아닌지, 돈과 시간 자본 중 어느 것이 지금 상황에서 더 중요한지 생각해봐야 한다는 것입니다. 지금 잘 투자한 시간 자본은 미래에 더 큰 돈을 벌어다 줄 뿐 아니라 그로 인해 원하는 종목에 더 투자할 여력까지 만들어줄 수 있습니다.

지금 이 시간에도 시간은 우리의 투자 결정을 기다리고 있습니다. 돈이라면 절대 허투루 투자하지 않을 종목에 시간이라는 자본을 매일 흘려버리고 있지는 않은지요?

내가 원하는 삶을 살아간다는 것은 결국 내가 원하는 곳에 나의 시간과 돈을 쓴다는 말입니다. 내가 무엇을 원하는지 모르면 급한 일부터 먼저 하게 되고, 다른 사람의 제안에 따라 정해진 일정으로 시간을 채워나가게 됩니다. 온전히 나를 위해서가 아니라 남들에게 잘 보일 목적으로 돈을 쓰게 되기도 하지요. 이번 세션에서는 어디에 돈과 시간을 쓰고 있는지 돌아보고, 이것이 과연 내가 원하는 방식의 소비인지 생각해보겠습니다.

✅ 지난 3개월 동안 가장 잘 쓴 돈은 무엇이었습니까?(카드 내역이나 은행 앱을 살펴보세요.)

_____

_____

_____

✅ 가장 잘 쓴 시간은 무엇이었습니까? (일정표를 살펴보세요.)

_____

_____

_____

_____

지난 코칭세션에서 제시했던 아래 3가지 질문에 다시 답해보세요.

✅ 타인과의 관계: 함께 시간을 보내거나 대화를 나누면서 자신의 세계가 확장된다고 느끼는 사람들이 있나요? 그렇다면 그들은 누구인가요?

_____

_____

_____

_____

_____

✅ 일과의 관계: 나에게 성장의 경험을 가져다주는 일은 무엇입니까?

_____

_____

_____

_____

✅ 자기 욕망과의 관계: 혼자 있는 시간에 즐기는 활동 중 내 안의 욕망을 충족시키고 나에게 힘이 되는 활동은 무엇인가요?

_____

_____

_____

_____

_____

✔ 내가 소비한 돈과 시간은 위의 3가지 관계에서 내가 중요하게 생각
하는 것과 얼마나 연결되어 있나요? 만약 가장 잘 썼다고 생각하는
돈과 시간이 내가 중요하게 여기는 것과 잘 연결되지 않는다면, 이
번 기회에 다시 한번 생각해보세요. 내가 중요하다고 생각했던 것
들이 정말 내게 중요한 것이 맞는지.

_____

_____

_____

_____

✔ 향후 3개월 동안 내가 중요하게 생각하는 3가지 영역에 돈과 시간
을 더 쓸 수 있는 방법은 무엇이 있을까요? 목표는 지난 3개월보다
내가 원하는 곳에 돈과 시간 투자를 늘리는 것입니다.

_____

_____

_____

_____

아직 이 질문들이 부담스럽다면...

만약 위의 질문에 답하기가 귀찮거나 어려운 상황이라면 과거는 일단 제쳐놓고 오늘 혹은 내일만 생각해봅시다.

만약 점심시간 전이라면 '오늘 내가 시간과 돈을 쓰는 최선의 방식은 무엇일까?'라고 질문한 뒤 답을 두 줄로 적어보세요. 점심시간 이후라면 '오늘 저녁 나의 시간과 돈을 어떻게 쓸 수 있을까?', 저녁 시간이라면 '내일 나는 하루치의 시간과 돈을 어디에 쓰고 싶은가?'라고 질문해보세요.

그리고 답을 생각만 하지 말고 꼭 적어보세요. 직접 써서 눈으로 보면 생각의 흐름이나 전체 그림을 파악하는 데 도움이 될 뿐 아니라, 이후에도 기록을 보면서 새로운 생각을 연결해갈 수 있습니다. 어디에 돈과 시간을 쓰고 싶은지 적다 보면 내가 삶에서 무엇을 원하는지에 대해 보다 구체적인 아이디어를 얻을 수 있을 거예요!

매일 스스로에게 던지는
3가지 질문

" —

저는 구글 캘린더에 매일 밤 9시면 자동으로 3가지 질문이 뜨도록 세팅해놓았습니다. 이렇게 저는 매일 스스로에게 3가지 질문을 던지고 답합니다.

첫째, 'What do you want?'

이 질문은 제가 타인과의 관계, 일과의 관계, 자기 욕망과의 관계에서 가장 중요하게 생각하는 질문으로, 삶의 의도^{intention}를 명확하게 하려는 질문입니다. 저는 의도를 갖고 살아가기$^{live\ with\ intention}$를 중요하게 생각합니다. 저는 그저 정신없이 살다가 어느 날 과거를 돌아보며, '도대체 내가 뭘 위해 이렇게 열심히 일한 거지?' 하는 의문을 갖는 일은 원치 않습니다. 지금까지 어떻게 살아왔든 앞으로 관계를 맺고, 일하고, 살아갈 때 원하는 것이 무엇인지를 저는 스스로에게 계속해서 묻습니다.

둘째, '한 번뿐인 소중한 삶으로 무엇을 하려 하는가?'

저는 매일 아침 일어나면 스마트폰을 보기 전에 따뜻한 물을 한 컵 마시면서 미국의 시인 메리 올리버(1935-2019)의 시 한 편을 읽습니다. 그의 시집《기러기》에 '여름날'이라는 시가 있습니다. 이 시의 마지막 구절에서 그는 "말해봐, 내가 달리 무엇을 해야 했을까? (…) 말해봐, 당신은 이 하나의 소중한 야생의 삶을 어떻게 살 작정이지?"[6]라고 말합니다.

두 번째 질문은 이 아름다운 시에서 가져와 만든 질문입니다. 제 삶의 미션을 묻는 질문이자, 제가 삶을 어떻게 해석interpretation하는지를 도와주는 질문입니다.

셋째, '내일이 내 삶의 마지막 날이라면 무엇을 할 것인가?'

이 질문은 스티브 잡스(1955-2011)가 56년이라는 짧은 생을 살면서 30년 넘게 매일 아침 거울을 마주 보고 스스로에게 건넨 질문에서 따왔습니다. "만약 오늘이 내 삶의 마지막 날이라면, 오늘 내가 하려는 것을 하고 싶을 것인가If today were the last day of my life, would I want to do what I am about to do today?"[7] 이 질문은 1장에서 살펴본 삶에서 중요한 세 영역에 집중하게 함으로써 어제보다 더 나은 나를 만들기 위한, 즉 개선improvement의 노력을 하도록 돕는 질문입니다.

이렇게 저는 매일 3가지의 질문, 달리 말하면 3가지 '미터기'를 활용해 하루를 돌아봅니다. 3가지 미터기는 각각 알파벳 I로 시작하는 단어와 관련된 것을 측정합니다. 내 삶의 의도^{intention}, 해석^{interpretation}, 그리고 개선^{improvement}을.

✍ 책을 쓰는 중에 저는 네 번째 질문을 추가했습니다. 또 다른 I인 투자^{investment}에 관한 질문입니다. '미래의 부(rich가 아닌 wealth)를 만들어내기 위해 나는 오늘 어떻게 돈을 지켰는가(투자, 저축, 절약 등)?' 그리고 책을 마무리할 때쯤 질문에 답하는 시간을 밤 9시에서 아침 9시로 옮기는 실험을 시작했습니다.

2

불확실한 미래가 두렵다면
이렇게 물어보세요

10년 뒤 나의 '완벽한 하루'는 어떤 모습일까요?

세라를 만난 날은 비가 많이 내리는 초여름이었습니다. 직장 생활 5년 차인 그는 미래에 대해 막연한 두려움을 느끼고 있었습니다.

"앞으로 삶이 어떻게 될지, 기대보다는 걱정이 많아요. 지금 다니는 회사를 계속 다닐지, 직장 생활은 언제까지 할 수 있을지, 결혼을 할지 말지 등등."

때마침 저는 미국 버클리대학 하스 경영대학원에서 열린 여성경영인 리더십프로그램에 참가하고 돌아온 직후였습니다. 그중 캐롤린 벅 루스Carolyn Buck Luce가 진행한 리더십 시뮬레이션 수업에서 배운 내용을 중심으로 세라에게 질문을 던져보면 좋겠다는 생각을 했습니다.

루스는 세계적인 회계 법인 언스트앤영Ernst&Young에서 20년 이상 근무하면서 글로벌 리더로 일했고, 여성 리더십 발전을 위해 오랫동안 멘토링과 코칭을 해왔습니다. 전 뉴욕 시장 마이클 블룸버그는 그를 여성이슈위원회에 지명하기도 했습니다. 수업은《에픽: 여성의 파워 플레이북Epic: The Women's Power Playbook》이란 책을 중심으로 이루어졌습니다.

"오늘 목표는 세라 님의 서사시epic를 함께 써보는 것으로 하면 어떨까요?"

저는 루스의 방식을 이용해 대화를 나눠보자고 제안했습니다.

"어떤 방식인지는 잘 모르겠지만, 일단 한번 해볼까요?"

저는 루스의 '10년 게임The decade game'에서 가져온 질문으로 시작했습니다.

"지금으로부터 10년 뒤 날짜 하나를 생각해보시겠어요? 그리고 가장 좋아하는 공간을 떠올려보세요."

"10년 뒤 오늘, 장소는 서촌 텍스트북 서점이 좋겠어요. 서점 창가로 보이는 정원과 서촌 풍경을 좋아하거든요."

"좋아요. 10년 뒤 오늘, 텍스트북에서 시간을 보내고 있다고 상상해보세요. 그날 세라 님은 감격스러운 순간을 맞이하고 있어요. 그 이유가 중요해요. 갑자기 복권에 당첨되었다거나 주식이 올라서가 아니거든요. 뜬금없는 대박은 아니라는 거지요. 오늘은 지난 10년 동안 세라 님이 노력해온 일이 비로소 결실을 맺게 된 것을 축하하는 날입니다. 그날의 감격과 감사함을 노트에 기록하고 있다면 뭐라고 쓸까요?"

"지난 10년 동안 저를 가까이서 봐온 친구와 화이트 와인을 한잔하면서 그날을 축하하고 있을 것 같아요. 그날은… 제가 만든 회사의 3주년 창립 기념일일 것 같아요."

"창업이라니 의외인데요?"

"지금은 직장 생활을 하고 있지만, 언젠가 창업을 하고 싶어요. 그날은 단순히 세 번째 맞이하는 창립 기념일이어서가 아니라, 제가 하고 싶은 일에 대해 확신을 갖게 된 날이어서 무엇보다 기쁠 것 같아요."

세라가 어떤 사업을 하고 싶은지는 아직 못 들은 터라 저는 호기심을 갖고 귀를 기울였습니다.

"저는 여성들이 자기만의 스토리를 발굴하는 작업을 돕고 싶다는 욕구가 있어요. 그걸 사업 아이템으로 삼아 마흔 전에 창업을 하고 싶어요. 10년 뒤 오늘이 뜻깊은 이유는 마침 그날이 여성이 사회에 영향을 주는 사례를 발굴하여 엮은 책의 북토크를 한 날이기 때문에 그래요. 창업 후 최소 3년 안에 출판과 강연 등으로 내 길에 대해 확신을 가질 수 있다면 정말 기쁠 것 같아요. 어쩌면 창업을 좀 더 일찍 해야 할지도 모르겠다는 생각을 하게 되네요."

"아까 미래에 대한 기대보다 걱정이 많다고 했잖아요? 10년 뒤, 아니 어쩌면 5년 뒤 창업한다면 세라 님처럼 미래를 걱정하는 여성을 어떻게 도와줄 수 있을까요?"

"지금 직장에서 하는 일이 제가 하고 싶어 하는 일과 전혀 관련 없어 보이고, 이러다가 어느새 마흔이 되면 진짜 하고 싶은 일을 못 하게 되는 것은 아닐까, 내가 너무 이상주의자는 아닐까 하는 생각을 요즘 많이 했어요. 아마 저라면 조금 쉬면서 꿈을 구체화해보라고 할 것 같은데, 어떻게 해야 할지는 좀 더 고민해보고 싶어요."

"조금 전 세라 님이 2가지 처방을 내놓았어요. 먼저 쉬는 시간을 갖는 것. 잠시 휴식하는 시간을 현실적으로 만들 수 있나요? 있다면 언제쯤이 될까요?"

"장기간 쉬기는 어렵겠지만, 주말을 붙여서 3박 4일 정도는 시간을 낼 수 있을 것 같아요."

"그렇군요. 혹시 가고 싶은 도시가 있어요?"

"가능하다면 교토에 가서 시간을 보내고 오면 좋을 것 같아요."

"그럼 이제 꿈을 구체화할 수 있는 질문을 해볼게요."

"좋아요."

"10년 뒤 세라 님이 정말 기쁘고 감사한 날을 보내면서 문득 깨닫게 되었어요. 바로 10년 전인 오늘부터 시작한 일이 연결되고 쌓여서 꿈을 이루었다는 사실을요. 다시 말해 바로 오늘의 작은 시도가 10년 뒤의 성취로 이어진 거지요. 과연 어떤 시도를 할 수 있을까요?"

"우선 최근에 겪고 있는 슬럼프를 극복하는 과정을 잘 기록해놓아야겠다는 생각이 들었어요. 어쩌면 교토 여행을 준비하는 것부터 시작해서, 생각을 정리하는 과정을 잘 기록해두면 나중에 책을 통해 저의 이야기를 사람들에게 들려줄 수 있을 것 같아요!"

"아까 처음 대화를 시작할 때 제가 했던 말 기억나시나요?"

"글쎄요. 뭐였죠?"

"서사시!"

세라는 '아!' 하는 표정을 지었습니다.

"오늘 세라 님이 말한 10년 뒤의 모습, 그리고 어려움을 극복하는 과정을 글로 기록한 것, 그게 바로 세라 님만의 서사시가 될 거예요!"

실패할 가능성이
제로라면
시도해보고 싶은 일

버클리대학에서 여성리더십프로그램을 일주일간 듣고 난 뒤, 호텔 바에 앉아 이 과정에서 배운 것을 한 줄로 정리해보는 시간을 가졌습니다. 그 한 줄은 바로 '의도를 갖고 살아라'였습니다.

여러분은 어떤 의도를 갖고 삶을 살아가고 있나요? 10년 뒤의 완벽한 하루를 구체적으로 상상해보라는 루스의 질문은 바로 삶의 의도를 파악하기 위한 것입니다. 이 질문에 답할 때 주의할 점은 10년 뒤에 '지난 10년'을 돌아봤을 때, 여러분이 의도적으로 한 노력들이 결실을 맺어 완벽한 하루가 되었다는 점입니다.

1977년 '아이 러브 뉴욕'이라는 로고를 처음 디자인한 전설적인 그래픽 디자이너 밀튼 글레이저[Milton Glaser (1929-2020)]도 비슷한 이야기를 했습니다. 뉴욕에 위치한 스쿨오브비주얼아트에서 50여 년 동안 디자인을 가르친 그는 학생들에게, 자신이 시도해보고 싶은 일을 모두 하고 그것이 성공한다는 확신을 가졌을 때 5년 뒤의 삶에 대해 최대한 구체적으로 적어보라고 했다고 합니다. 아침에 일어나서부터 잠자리에 들기까지 아주 상세하게 말이지요.

2005년 그가 진행하는 프로그램에 참여했던 디자이너 데비 밀먼Debbie Millman은 이를 발전시켜 '놀라운 인생: 꿈을 실현시키는 10년 플랜'이라는 카드 패키지를 디자인하여 내놓았습니다. 밀먼은 "만약 실패할 가능성이 없다는 것을 미리 알고 있다면 시도해보고 싶은 5가지는 무엇인가?"라는 질문을 던집니다.

우리는 실패할 가능성 때문에 두려워 무엇인가를 시작하지 못하고 미래로 나아가는 힘을 잃곤 합니다. 불확실한 미래가 두려운데, 이렇게 구체적으로 미래를 그려보는 것이 소용이 있을까요?

그러나 불확실한 미래를 구체적으로 그려보는 것의 최종 목적은 미래를 점치기 위한 것도, 그런 미래를 꿈꾸기 위한 것도 아닙니다. 그 미래를 오늘로 가져오기 위함입니다. 이 부분을 많은 사람들이 놓치곤 합니다.

즉 10년 뒤 원하는 것을 이룬 시점에서 지금 이 순간을 돌아보며, 어떤 작지만 의미 있는 시도를 했을지 상상해보는 것이지요. 오늘 나눈 대화에서 가장 중요한 질문이 바로 이 질문이었습니다.

2018년 한 해 동안 저의 가장 중요한 학습 어젠다는 미래 연구였습니다. 그래서 영국 옥스포드대학교 경영대학에서 진행하는 미래시나리오계획과정과 미국 캘리포니아에 위치한 미래연구소Institute for the Future에서 진행하는 미래예측프로그램에 참여했습니다. 2가지 프로그램에 참여하고 나서 미래 예측의 핵심은 미래를 맞추는 것이 아니라 현재의 전략을 새롭게 바라보는 것임을 깨달았습니다.

마찬가지로 우리가 불확실한 미래에 대해 일종의 시나리오를 써보는 이유는 그 과정을 통해서 현재의 나를 새로운 각도에서 바라보고 꿈꾸는 미래와 현재를 연결할 힘을 얻기 위해서입니다. 여러분도 오늘부터 나만의 서사시를 써보면 어떨까요?

10년 뒤의 완벽한 하루를 그려봅시다. 그날 여러분은 지난 10년을 돌아보고 있습니다. 지난 10년간 여러분은 어떤 의도를 가지고 살아왔을까요? 어떤 크고 작은 시도들을 했을까요?

✓ 그날 여러분은 왜 기쁨과 감사함을 느끼고 있나요?

_____

_____

_____

_____

✓ 구체적으로 어떤 일이 일어났나요?

_____

_____

_____

_____

✓ 누구와 함께 기쁨을 나누고 있나요?

_____

_____

_____

_____

✔ 10년 전을 떠올리며, 꿈을 이루기 위한 작지만 의미 있는 시작을 바로 오늘 했다는 것을 문득 깨닫게 되었습니다. 꿈의 시작이 될 행동은 무엇일까요? 아주 작은 것이라도 좋습니다.

_____

_____

_____

_____

아직 이 질문들이 부담스럽다면...

연말에 한 해를 돌아보면서 '다른 것은 몰라도 이런 성취를 해서 기쁘다'고 생각한다면 그것이 무엇이기를 바라시나요? 만약 여러분이 그 성취를 만들기 위해 이 책을 읽고 있는 오늘, 작지만 구체적이고 의미 있는 실천을 시작했다면 그것은 무엇일까요?

10년 뒤에 돌아봤을 때,
내 인생의 10가지 장면은
무엇일까요?

교토 여행을 다녀온 세라를 다시 만났습니다. 그동안 저는 과제를 하나 내주었습니다.

"10년 뒤의 내가 지난 10년을 돌아보면서 떠올릴 10가지 장면은 무엇일까?"**8**

오늘 세라가 그 답을 가지고 오기로 했습니다. 이번에는 그가 좋아하는 공간인 서점 텍스트북에서 만났습니다. 여행을 다녀와서 그런지 얼굴이 밝았습니다.

"교토는 어땠어요?"

"예전에는 회사 일로 지친 마음을 달래기 위한 휴가였다면, 이번 교토 여행은 나를 위한 즐거운 출장이자 나만의 프로젝트 여행 같은 느낌이었어요. 물론 아름다운 교토 골목길을 이곳저곳 걷기도 했지만, 주로 조용한 카페에서 노트를 펼쳐놓고 코치님이 준 질문에 대한 답을 적곤 했어요. 그러다 새로운 아이디어가 떠오르면 메모해두고요. 어쩌면 교토 여행이라기보다는 미래의 나를 만나는 여행을 했다고 할까요?"

"기억에 남을 만한 여행을 다녀왔군요!"

"제가 뭐라고 답했을지 궁금하시죠?"

저는 "넘버 원!" 하면서 들을 준비를 했습니다.

"첫 번째 장면은 이번 교토 여행이에요. 제목은 '10년 전 교토에서 새로운 지도를 그려내다' 정도로 붙여볼게요. 이번 교토 여행을 통해 지쳐 있던 저를 돌아보고, 삶의 새로운 방향을 설정하는 계기가 되었어요. 새 지도란 다름 아니라 10개 장면을 미래 시점에서 돌아보며 만든 것이 될 것이고요."

유달리 자주 '같아요'로 말을 끝내던 세라가 "될 것이고요"라고 확신에 차 말하는 모습이 유쾌해 보였습니다. 좋은 출발이었습니다.

"넘버 투!" 하고 제가 추임새를 넣었습니다.

"저를 포함한 여성이 꿈을 이루고 자기의 길을 만들어가는 사례로 콘텐츠를 만들고 싶다는 생각을 했어요. 링크드인을 활용해 뉴스레터를 만들어볼까 생각 중이에요."

"제목도 생각해봤어요?"

제가 묻자, "세라의 케세라세라(스페인어로 '무엇이 되든지 될 것이다'라는 뜻)?"라고 말하더니 피식 웃었습니다.

"넘버 쓰리!"

"뉴스레터로 발행한 글이 책 출간으로 이어지는 것을 생각하고 있어요. 지금부터 3, 4년 뒤에 책이 나오면 좋겠네요. 그러려면 뉴스레터를 정성껏 만들어야 그걸 보고 출판 편집자들도 관심을 가질 수 있겠지요."

이쯤에서 제가 물었습니다.

"하나 궁금한 것이 있어요. 세라 님은 지금 10가지 장면을 이야기할 때, 어느 시점에서 이야기하고 있나요? 10년 뒤? 아니면 지금 시점에서 미래의 계획을 이야기하고 있나요?"

"처음에는 10년 뒤에 과거를 돌아보는 것으로 시작했던 것 같은데, 조금 전에 두 번째와 세 번째 장면을 이야기할 때는 현재 시점에서 미래의 계획을 이야기한 것 같아요."

"좋아요. 이 연습의 중요한 목적은 미래의 계획을 지금 시점에서 말하는 게 아니라, 10가지 장면을 모두 완성한 미래 시점에서 과거를 돌아보는 거예요. 그러니까 완성되지 않은 미래의 모습이 아니라, 이미 완성된 과거의 모습으로 10가지 장면을 떠올리며 이야기하는 것이 아주 중요해요. 그래야 구체적으로 생각할 수 있거든요."

나의 미래를
과거처럼 돌아보기

기업은 매년 미래를 예측하고 다양한 계획을 세웁니다. 이를 영어로 '포캐스트forecast'라고 합니다. '앞, 이전'을 뜻하는 단어 'fore'와 '계획하고 준비하다'라는 뜻의 단어 'cast'가 합쳐졌지요.

변화경영 사상가이자 베스트셀러 작가인 구본형(1954-2013)은 미래를 과거처럼 돌아보는 방식으로 사람들의 변화를 도왔는데, 그는 이것을 '10대 풍광'이라고 불렀습니다. 구본형 작가가 말하는 10대 풍광은 현재에서 미래를 예측하는 포캐스트가 아닌 미래에서 현재를 뒤돌아보는 '백캐스트backcast'에 해당합니다.

저는 2007년 5월 그가 진행하는 '나를 찾아 떠나는 여행'이라는 프로그램에 참여했습니다. 제가 1998년부터 2007년까지 10년간

다닌 회사를 그만두고 독립해 1인 법인을 세운 때였지요. 당시 2박 3일 동안 포도 단식을 하면서 참여자들이 한 일은 딱 하나였습니다. 10년 뒤인 2017년으로 간 뒤, 그로부터 이전 10년, 즉 2007년부터 2017년까지의 시간을 돌아보며 자신의 삶에서 가장 아름다웠던 풍광 10가지를 만드는 것이었습니다.

놀랍게도 2017년이 되었을 때 저는 그때 만든 10가지 장면 중 대부분이 현실로 이루어졌음을 발견했습니다.[9] 놀라운 경험이었습니다. 앞서 소개한 밀먼 역시 글레이저의 수업에서 쓴 5년 뒤 자신의 모습이 실제 현실로 이루어졌다는 것을 알고 매우 놀랐다고 합니다.

여기서 이런 의문이 들 수 있습니다. '그냥 앞으로 10년간 하고 싶은 것을 계획하면 되지 굳이 10년 뒤의 완벽한 날을 그려보고, 거기에서 거꾸로 지난 10년을 돌아보면서 10가지 장면을 떠올릴 이유가 있을까? 결국 같은 시간을 떠올리는 것 아닌가?'

이런 생각이 든다면 새해를 맞이하면서 세운 계획을 생각해보시기 바랍니다. 그리고 3가지 질문에 스스로 답해보세요.

첫째, 그 계획은 얼마나 구체적인가요? 굳이 10년 뒤의 완벽한 날을 상상해보고, 미래 시점에서 과거의 10가지 장면을 상상하는 가장 중요한 이유는 우리의 꿈에 구체성을 담기 위해서입니다. 저는 미래에서 바라보는 과거라는 의미에서 이 10가지 장면을 '미래의 역사 history of the future'라고 부르기도 합니다.

통상 우리가 희망을 갖거나 계획을 세울 때는 역사적 구체성이 빠져 있습니다. 막연하게 '내년에는' 혹은 '언젠가'라고 생각하죠. 미래의 역사라는 관점에서 자신의 꿈을 보기 위해서는 미완의 상태가 아닌, 내 삶이라는 역사 안에서 '완결된' 형태로 꿈을 바라보아야 합니다. 완결된 상태는 훨씬 더 구체적입니다. 장면^{what}, 시점^{when}, 장소^{where}, 함께하는 사람^{who}, 이유^{why}, 방법^{how} 등 구체적으로 꿈을 그려 본 사람이라면 그 방향으로 시도할 가능성도 높아집니다.

루스는 10년 게임이 어릴 적 했던 역할 놀이의 성인판이 아닐까 생각했다고 말합니다. 주변의 사물을 이용해 소방관, 운전사, 간호사, 요리사 등의 역할을 흉내 내는 역할 놀이를 통해 아이들은 새로운 행동과 소통 방식을 자연스럽게 배웁니다. 심리학자들은 역할 놀이가 학교 수업만으로는 역부족인 교육적 효과를 일으킨다고 말합니다.[10]

이처럼 역할 놀이와 '10가지 장면'은 구체성이라는 맥락 속에서 이루어진다는 공통점이 있습니다. 내가 이루고자 하는 모습을 구체적으로 그리는 사람과 막연하게 미래의 희망 정도로 생각하는 사람 중에 누가 더 강한 동기를 갖게 될까요?

둘째, 가슴이 뛰나요? 모든 계획에 가슴이 뛰지는 않습니다. 회사에서 내년도 매출 목표를 잡을 때 가슴이 뛰던가요? 새해에는 매일 운동을 해야겠다는 결심을 할 때 가슴이 뛰던가요? 미래의 계획이 설레지 않는 경우는 2가지입니다. 하나는 내가 아닌 남 좋은 일을 이루기 위한 계획을 세울 때고, 또 하나는 하고 싶은 일이 아닌 해야 하는 일을 계획할 때입니다. 루스는 10년 뒤 완벽한 날의 모습을 상상하는 과정이 즐겁지 않다면 다른 사람의 게임을 하고 있기 때문이라고 말합니다.[11]

구본형의 '나를 찾아 떠나는 여행' 마지막 날, 10여 명의 참여자들이 둘러앉아 자신의 10대 풍광을 발표할 때 몇몇 사람은 감격의 눈물을 흘렸습니다. 자기 안에 숨겨 있는, 어쩌면 스스로 억눌러왔던 꿈을 펼칠 수 있었기 때문입니다. 미래의 역사를 그려보며 자기만의 10가지 장면을 상상하는 일은 오직 자기만의 게임 플랜을 만드는 것과 같습니다.

셋째, '…하고 나면I will do when...'이라는 덫에 걸려 있지는 않나요? 지금 우리는 여덟 살 아이가 30대의 장래 희망을 떠올리듯 막연한 계획을 세우는 것이 아닙니다. 불과 10년 뒤에 꿈을 현실로 만들기 위해 10가지 장면을 생각해보는 것입니다. ('불과' 10년이라는 표현이 이상하게 느껴진다면, 지난 10년이 어떤 속도로 흘러갔는지 생각해보세요!) '연봉이 얼마가 되고 나면…', '아이가 대학 가고 나면…', '승진하고 나면…' 등과 같은 생각으로 꿈을 미루고 있지는 않은가요?

10가지 장면을 통해 미래의 역사를 만드는 이유는 꿈을 미래에 던져놓기 위해서가 아닙니다. 꿈을 현실로 만들기 위한 노력을 오늘, 여기에서부터 시작하기 위해서입니다. 왜냐하면 10년 뒤 나의 꿈은 갑자기 현실이 되는 것이 아니라 오늘부터 10년 동안 한 노력이 축적되어 이루어질 것이기 때문입니다. (혹은 노력을 쌓아나가는 과정에서 새로운 꿈이 생기거나 기대하지 않았던 결과를 맞이하기도 합니다.)

　　서사시는 영웅담입니다. 우리는 자신이 영웅이 되는 여정에서 만날 10개 장면을 만들고 있는 것입니다. 여러분은 자신의 삶에서 어떤 영웅이 되고 싶은가요? 개인적으로 저는 질문을 통해 사람들이 'What do you want'에 대한 자기만의 답을 찾아 나서도록 돕는 최고의 조력자가 되고 싶습니다. 다시 말해 사람들이 자기 안의 영웅을 발견하도록 돕는 또 다른 영웅이 되고 싶은 것이지요. 특히 신체적·언어적·심리적 폭력으로 상처받은 사람들, 사회적 소수자들이 자기 안의 힘을 찾고, 평생을 '희생자'가 아닌 자기만의 삶을 만들어가는 '창조자'로 살아갈 수 있도록 돕는 영웅이 되고 싶습니다.[12] 저자로서, 아티스트로서, 코치이자 리스너로서 저는 이런 서사시를 여러분과 함께 쓰고 있습니다.

어쩌면 이번 질문이 이 책 전체에서 답하는 데 가장 시간이 오래 걸리는 질문일지 모릅니다. 하지만 며칠, 몇 주가 걸려도 좋으니 책을 잠시 내려놓고서라도 꼭 답해보셨으면 해요.

비단 여행이 아니더라도 여러분이 좋아하는 동네 카페에 매일 일정한 시간에 가보세요. 스마트폰은 잠시 멀리하고 머릿속으로 10가지 장면을 상상해보세요. 그리고 반드시 노트에 기록하세요. 지난 세션에서 '10년 뒤 완벽한 하루'에 대해 답해보셨다면, 거기서 힌트를 얻어보세요. 특히 마지막 질문, '10년 전 했던 작지만 의미 있는 시작'에 대한 답변을 첫 번째 장면의 소재로 활용해보시는 것도 좋습니다. 자, 다시 묻습니다.

✅ 여러분은 10년 뒤 어느 날 완벽한 하루를 보내며 감사함과 기쁨을 느끼고 있습니다. 그러고는 지난 10년 동안 일어났던 10가지 장면을 떠올리며, 그것들이 어떻게 서로 연결되어 완벽한 하루로 이어졌는지 되돌아봅니다. 그 10가지 장면은 무엇인가요?
(10가지 장면에는 나의 세계를 확장시키는 타인과의 관계, 나의 성장을 만드는 일과의 관계, '솔로'로서 내 안의 욕망과의 관계와 관련된 장면들이 들어가겠지요!)

① _____

② _____

③ _____

④ _____

⑤ _____

⑥ _____

⑦ _____

⑧ _____

⑨ _____

⑩ _____

아직 이 질문이 부담스럽다면…

음, 여전히 너무 벅차다면 말입니다… 해외나 국내 다른 지역이 아니더라도 내가 사는 도시 안에서 가보고 싶었던 새로운 공간에 한번 가보면 어떨까요? 가서 1시간 뒤로 알람을 맞추어놓고 그동안 그냥 멍하니 있는 거예요. 그러다 보면 한두 장면이라도 떠오를 거예요! 아래 빈칸을 채우면서 나만의 서사시의 초안을 만들어봅시다.

20 ___년 ___월 ___일(지금으로부터 10년 뒤 자신의 생일을 적어보세요). 어느덧 내 나이가 ___살이 되었다. 생일을 맞아 나는 휴가를 내고 _____(좋아하는 장소)에 [혼자/_____ 와 함께] 와 있다.

지난 1년 동안(10년 뒤 내 생일로부터 '지난 1년'을 뜻합니다) 있었던 가장 좋은 일은… (나의 세계가 확장된 다른 사람과의 관계, 일하며 성장한 경험,

새롭게 발견한 내 안의 욕망 중 1가지를 골라 구체적으로 써본다면?)

———————————————————————————————

———————————————————————————————

———————————————————————————————

10년 전인 20 ___년(여러분이 책을 읽고 있는 해를 적으시면 됩니다)의 나
와 지금의 나를 비교해보면 '직업'이라는 측면에서 의미 있는 변화가 있
었다. 그중에서 3가지를 꼽는다면…

———————————————————————————————

———————————————————————————————

———————————————————————————————

나는 이러한 변화에 만족한다. 왜냐하면 성장을 통해 더 나은 삶을 살고
있기 때문이다. 2가지 이유만 든다면…

———————————————————————————————

———————————————————————————————

나는 어떻게 이러한 성장을 이룰 수 있었을까? 지난 10년간 수많은 시
도가 있었다. 그중에서도 결과와 상관없이 특히 의미 있었던 시도가 몇
가지 있었다. 3가지를 꼽는다면…

———————————————————————————————

———————————————————————————————

위의 시도를 할 때 가장 힘들었던 점은 _____ 이었다.

하지만, 이를 이겨낼 수 있었던 것은 _____

때문이었다.

지난 10년간 나의 성장을 돌아보면서, 정확히 10년 전인 20 ____ 년(올해)에 시작했던 시도를 잊을 수가 없다. 그 실험은 결국 내 성장 스토리의 결정적인 출발점이 되었다. 구체적으로 돌아보면 다음과 같다. (10년 뒤의 시점에서 지난 10년을 돌아본다고 생각하면서 작성해주세요.)

_____

_____

_____

_____

10년이 참 빨리 지나갔다. 이제 10년 뒤인 20 ____ 년(10년 뒤의 10년 뒤이므로 지금으로부터 20년 뒤의 연도를 적으시면 됩니다)이면 내 나이는 _____ 이 된다. 앞으로 10년 동안에는 더 흥미로운, 더 의미 있는 성장 스토리를 만들어갈 것이다. 일단 오늘은 여기까지 적는다. 맛있는 술과 저녁이 기다리고 있으므로!

Special Tip

10가지 장면을
현실로 만드는 힘

실제 10년이 지나서 돌아보았을 때 10가지 장면이 어떻게 만들어져 갔는지 궁금하지 않으십니까? 2007년에 제가 구본형의 프로그램에서 만들었던 10대 풍광 중 첫 번째 장면은 '하프타임'이었습니다. 저는 2011년, 2016년, 2022년에 다시 돌아볼 기회를 가졌습니다. 그 기록을 여기에 그대로 옮겨봅니다.

2007년

30대가 마무리되던 2007년, 회사에 사표를 내고 7개월간 하프타임을 가진 것은 정말 잘한 일이었다. 그 기간 동안 나는 아무것도 하지 않을 자유를 누렸고, 나의 40년 삶을 돌아보며 은퇴의 시간을 보낼 수 있었다. 그리고 40대의 10년을 어떻게 보낼지 구상하고 준비할 수 있었다. 하프타임 동안 나는 책 읽기, 책 쓰기, 그리고 미래에 대해 상상하기 등으로 알찬 시간을 보냈다.

2011년

2007년 6월부터 2008년 1월까지 반년 넘게 하프타임을 가졌다. 여행을 다녔고, 회사를 설립하고 어떻게 운영할지 고민했으며, 오랜만에 어색한 자유를 누렸다. 2007년에 썼듯 하프타임을 가진 것은 정말 잘한 일이었다. 이 기간의 경험은 2010년 김희경 작가의 책《내 인생이다》에 첫 번째 인터뷰로 실리기도 했다. 어쩌면 매일, 매주, 매년, 그리고 5년, 10년마다 하프타임이 필요하며, 실제로 가질 수 있다는 생각을 하게 되었다. 하프타임은 인사이트를 기르고, 쓸모없는 것을 버리는 시간이기도 하다. 2007년에 가진 하프타임에서 후회되는 것이 하나 있다면 고전을 제대로 못 읽었다는 점이다. 2011년이 된 지금, 매일, 매주, 매달의 하프타임을 이용해 남은 5년 동안 고전을 읽고 인사이트를 키우는 것이 중요한 풍광이 될 것이다.

2016년

2007년 반년의 하프타임 이후, 2013년 아내와 함께 스페인과 포르투갈에서 한 달, 그리고 2015년 프랑스 북부의 노르망디에서 한 달을 보내며 또 다른 하프타임을 보냈다. 앞으로 가능하다면 1년에 두 달 정도는 하프타임을 보내며 한 해를 돌아보고, 또 새로운 한 해를 계획하는 그런 삶을 살고 싶다. 가능하다면 2019년에는 1년간 아내와 하프타임을 보내는 것이 꿈이다.

2022

2007년으로부터 10년이 넘게 지났지만 다시 돌아볼 기회를 가졌다. 2019년 아내와 1년간의 하프타임을 갖겠다는 계획은 실행하지 못했다. 2020년부터 전 세계가 코로나 상황을 맞이했고 모든 이의 삶과 일하는 방식이 변화했다. 2022년에는 아내와 함께 유민영 대표가 운영하는 북살롱 텍스트북에서 '우리 삶과 일의 텍스트북'이라는 주제로 서로의 삶을 돌아보는 시간을 가졌다. 한편 최인아 책방에서 정신과 전문의 안주연 원장과 번아웃에 대한 북토크를 하면서 나의 번아웃 경험을 돌아보았는데, 30대 이후로 번아웃이 없었다는 것은 감사한 일이다. 아마도 무리하지 않고 쉬어가면서, 놀면서 일하기 때문이 아닐까? 그런 점에서 2016년 작업실을 만들고, 취미를 즐긴 것이 일을 더 지속 가능하게 해주었다.

올해 의미 있었던 시도는 하프타임을 주 단위로 실험해본 것이다. "과연 일주일에 3일만 일하면서 경제적으로 삶을 지속할 수 있을까?"라는 질문을 던지고 화·수·목에만 돈 버는 일을 했고, 월요일과 금요일에는 목공과 미술, 피아노를 배우며 에너지를 충전하고 편안한 시간을 보냈다. 앞으로의 꿈은 일주일에 2, 3일만 일하고, 1년에 10개월만 일하는 것이다. 2023년에는 다시 아내와 한 달간 미국 중부를 여행하며 하프타임을 갖기로 했다. (실제 2023년 9월 말부터 10월 말까지 31박 32일간 2,800킬로미터를 차로 운전하여 미국 중서부 7개 주를 다니며 평생 잊지 못할 여행을 했다.)

3

위기를 겪고 있다면 이렇게 물어보세요

'아래로' 떨어질까요?

아니면 '위로' 떨어질까요?

수진은 40대 초반 직장인으로 비교적 젊은 나이에 외국계 기업의 임원 자리에 올랐습니다. 그는 최근에 힘든 일을 2가지 겪었습니다. 6개월 전 친구처럼 지내던 어머니가 세상을 떠났고, 설상가상으로 본인도 큰 수술을 하게 되어 한동안 회사를 쉬어야 했습니다. 한 달 넘게 일을 쉰 것은 대학 졸업 후 처음 있는 일이었습니다. 회사 복귀를 2주 앞두고 수진을 만났습니다.

"많이 힘드셨지요?"

"살면서 어려운 때가 종종 있긴 했지만, 올해는 처음 경험하는 위기였던 것 같네요. 두 번의 위기가 반년 사이에 연달아 오니 감당하기 힘들었어요. 오늘 코치님과 이야기를 나누고 싶은 주제가 있어요. 회사로 복귀하기 전에 이번에 겪은 위기를 내 나름대로…"

그는 적절한 단어를 찾는 듯했습니다.

"소화라고 해야 할까요. 해석이란 단어가 더 적절할 것 같기도 하네요. 저에게 일어난 일에 대해 저 나름대로 어떻게든 해석을 해야, 다시 나아갈 수 있을 것 같아서요."

"왜 그렇게 생각했는지 그 배경을 말씀해주실 수 있을까요?"

수진은 잠시 시선을 내리깔다가 말을 이어갔습니다.

"누구나 삶에서 어려운 일을 겪는 때가 있지만, 올해 저에게 닥친 위기는 과거와는 좀 다르게 다가왔어요. 뭐랄까, 이 사건들이 저에게 말을 거는 것 같았달까요?

이번에 수술하고 입원해 있을 때, 이모가 찾아왔어요. 가장 가까운 친척이죠. 제가 이모에게 몸이 말을 안 들어서 속상하다고 하니까, 이모가 이렇게 이야기하더라고요. '수진아. 물론 지금 많이 아프고 힘들겠지만, 난 생각이 다르다. 몸이 말을 안 듣는 게 아니라, 너무 열심히 일하느라 몸이 너에게 하는 말을 네가 놓친 건 아닐까?'

이후로 그 말을 계속 곱씹으면서 내가 놓치고 산 것이 무엇인지 생각해보았어요. 이 위기가 저에게 던지는 메시지가 있을 것 같아요. 코치님과 이야기 나누면서 그 메시지를 찾아보고 싶어요."

"그랬군요. 아마도 이사님의 마음속에서 희미하게 들리는 메시지가 있었을 것 같은데요?"

"그건…"

수진은 천천히 말을 꺼내기 시작했습니다.

"지금까지 제가 일해왔던 방식이 저에게 성취를 가져다준 부분이 분명히 있고, 아마 저는 과거로 돌아가도 똑같이 할 거예요. 그런데 복귀하고 나면 일을 대하는 방식이 바뀌어야 할 것 같아요. 여전히 열심히 일하긴 하겠지만, 뭐랄까… 방향을 좀 바꾸고 싶다고 해야 할까요?"

저는 노트에 "방향을 바꿈"이라고 적었습니다. 그리고 물었습니다.

"바꾸고 싶은 방향이란 것은 과연 어떤 것일까요?"

"예전에는 무조건 열심히 해서 위로 올라가야겠다는 생각이 강했어요. 그런 노력이 있었기에 비교적 빠르게 임원 자리에 오를 수 있었다고 생각해요. 이번 위기를 겪기 전까지만 해도 더 올라가려면 무엇을 해야 할지 늘 고민했죠. 스트레스도 많이 받았어요. 아시잖아요. 임원들 사이의 경쟁이란 것이 얼마나 치열한지."

저는 고개를 끄덕이며 공감했습니다.

"그런데 이제는, 더 높이 올라갈 기회가 있다면 마다하지는 않겠지만, 그게 더 이상 저의 지향점이 되지는 않을 것 같다는 생각이 들어요."

"그렇다면 새로운 지향점은 무엇이 될까요?"

"바로 그 부분이 핵심인 것 같아요. 오늘 대화에서 실마리를 꼭 찾고 싶어요. 생각해볼 만한 것이 있을까요?"

"이야기를 들으면서 책이 하나 떠올랐어요. 미국 뉴멕시코주에서 활동해온 프란체스코 수도회 신부인 리처드 로어의 《위쪽으로 떨어지다》라는 책입니다. 여기에 나온 이야기를 해보면 좋을 것 같네요.

리처드 로어는 삶의 전반부와 후반부를 나눠요. 그런데 단순히 나이로 나누는 것이 아닙니다. 어떤 사람은 80대에 세상을 떠날 때까지 인생의 전반부만을 살다 가는가 하면, 30대부터 삶의 후반부를 살아가는 사람도 있어요."

"나이가 아니면 무엇이 기준이 되는 거지요?"

"위기를 겪고 나서 어떤 과정을 밟는지에 달려 있어요. 여기에서 위기란 건강상의 위기일 수도 있고, 원치 않는 퇴직이나, 사랑하는 사람이 세상을 떠나는 일, 심각한 갈등 상황 등 여러 가지가 될 수 있지요. 로어의 말에 따르면 삶의 전반부는 자신의 정체성을 강력하게 만들기 위해 애쓰는 기간입니다."

"정체성이요?"

"이사님처럼 어떤 회사의 임원이 되기 위해 열심히 일할 수도 있고, 또 어떤 사람은 의사, 변호사와 같은 정체성을 만들기 위해 애쓸 수도 있겠죠. 로어는 이를 '컨테이너 만들기'라는 말로 표현했어요. 정체성을 컨테이너에 비유한 것이지요. 위기를 겪고 나서도 자신의 컨테이너를 공고히 하는 데 신경을 쓰는 사람은 삶의 전반기를 계속해서 살아가게 되는 것이지요."

"그럼 위기를 겪고 나서 후반기를 살아가는 사람은요?"

"그 사람들은 지금 이사님처럼 위기 이전의 삶에 대해서 질문을 던집니다. '내가 그렇게 애쓰며 만들려고 했던 컨테이너는 뭘 위한 것이었지? 이 컨테이너 안에 이제 무엇을 채워 넣을 수 있을까?' 이런 질문에 답을 해가면서 전반부와는 다른 후반부의 삶을 살아가는 거지요."

수진이 컨테이너 비유와 질문들을 노트에 적으며 이야기를 듣고 있습니다.

"어쩌면 이사님은 전반부에서 후반부로 건너가고 있는 것은 아닐까 하는 생각이 들어요."

"코치님 이야기를 듣다 보니 제 상황과 연결되네요. 이번에 병원에

누워 있으면서 과연 내가 되려고 했던 것, 그리고 앞으로 되고자 하는 것이 무엇인지 새롭게 생각해보게 되더라고요. 그게 정말 나의 욕망이었을까? 아니면 남보다 앞서가려는 경쟁심에서 나온 것이었을까 하고 말이지요."

"지금도 그 욕망이 유효한가를 다시 생각해보고 계시는군요."

"맞아요. 그때로 돌아가도 저는 똑같이 열심히 일했을 거예요. 다만 앞으로도 그 목표를 갖고 살고 싶지는 않아요."

하지만 여전히 그는 새로운 목적지가 어디냐는 제 질문에 답하지 않은 상태입니다.

"이사님의 새로운 욕망은 무엇일까요?"

"아까 코치님이 해준 이야기를 제 상황에 대입해보면 마케터, 임원 등의 직업과 직책이 나의 컨테이너라는 생각이 드는데, 내가 이런 컨테이너를 만들어온, 마케터로서 정체성을 쌓아온 이유가 무엇일까 하는 생각을 하게 된다고 할까요? 말이 좀 거창해지기는 하는데… 그동안 해온 마케팅, 브랜딩의 대상이 제품에서 사람으로 옮겨가게 되지 않을까 싶어요."

"이야기가 점점 흥미로워지는데요? 마케팅과 브랜딩의 대상이 제품에서 사람으로 옮겨간다는 것이 어떤 의미를 담고 있는지 여쭤봐도 될까요?"

"제가 제품 마케팅을 할 때, 그 제품만이 갖고 있는 고유한 특성을 찾아내어 브랜딩을 하잖아요?"

"그렇지요."

"얼마 전에 고 이어령 선생님이 했던 이야기를 우연히 접했는데 그분이 이런 이야기를 했어요."

수진이 스마트폰을 열어 동영상을 보여줍니다.

"천재 아닌 사람이 어디 있어? 모든 사람은 천재로 태어났고, 그 사람만이 할 수 있는 일이 있는 거예요. 그런데 그 천재성을 이 세상을 살다 보면 남들이 덮어버려. 학교에 들어가면 학교 선생이 덮어주고 직장에 들어가면 직장 상사들이 덮어주고, 자기 천재성을 전부 가리려고 해. 그래서 내가 늘 하는 얘기가 360명이 한 방향으로 경주를 하면 아무리 잘 뛰어도 1등부터 360등까지 있을 거야. 그런데 남들 뛴다고 뛰는 것이 아니라 내가 뛰고 싶은 방향으로 각자가 뛰면 360명이 다 1등 할 수 있어. 베스트 원이 될 생각 하지 마라. 온리 원, 하나밖에 없는 사람이 되어라. 자기는 하나밖에 없는데 왜 남과 똑같이 살아? 왜 남의 인생, 남의 생각을 쫓아가냐고? 사람들 와 몰리는 길이 내가 가고 싶은 길이 아니야. 그랬을 때 대담하게, 내가 정말 가고 싶은 길은 쓰러져 죽더라도 내가 요구하는 삶을 위해서 그곳으로 가라는 거예요. 자기 삶은 자기 것이기 때문에 남이 어떻게 할 수가 없어. 그걸 늙어서 깨달으면 큰일 나."[13]

"울림이 있는 말이네요. 저도 정말 공감."

"사람들이 가정, 학교, 직장을 다니면서 어쩌면 자기만의 고유한 색깔과 장점을 잃고 있다는 생각을 해요. 만약 나의 경험과 능력을 가지고 다른 사람들이 자신만의 특성과 장점을 발견하게 만드는 사람이 된다면, 그래서 그 사람이 새로운 삶을 살도록 돕는 역할을 한다면… 저 역시 정말 보람된 삶을 살 수 있을 것 같아요."

무엇이 되기 위해서
삶을 살아가는 것은 아니다

"당신 말고는 아무도 당신을 인생의 후반부로 들어가지 못하게 막을 수 없다. (…) 당신의 후반부 인생은, 그리로 들어가든지 피하든지, 온전히 당신에게 달렸다. 이 일이 있기 위해서는 전반부 인생에서 뭔가를 잃고 몰락해야 한다는 것이 나의 확신이다."[14] _리처드 로어

　우리는 '무엇인가가 되기 위해서' 삶의 전반부를 살아갑니다. 전반부는 누구나 경험하지만 로어가 말하는 후반부는 나이가 든다고 누구나 경험하는 것이 아닙니다. 각자의 선택에 달린 것입니다. 나이가 들어서도 과거의 영광만을 이야기하고, 익숙하고 편안한 안전지대를 떠나지 않으려는 사람들은 평생을 전반부로 살아가게 됩

니다.

로어는 자전거를 타면서 여러 번 넘어져봐야 균형을 잡을 수 있다고 말합니다.[15] 위기로 인해 추락하는 것과 같은 경험을 하고 난 뒤에야 사람은 보다 성숙한 심리적 어른으로 성장해나가는 여정, 즉 인생의 후반부를 선택할 수 있는 기회를 갖게 됩니다.

이들은 '내가 그렇게 노력하며 살아온 것이 과연 무엇을 위해서였나?'와 같은 질문과 마주하고, 삶을 무엇으로 채워갈지 고민하면서 새로운 여정을 출발합니다. 이들은 전반부에 자신이 충실하게 따랐던 삶의 문법을 더 강화하는 것이 아니라 깨끗하게 잊어버리고 unlearn 새로운 문법을 구축하기 시작합니다. 반면 위기를 겪고도 후반부 여정으로 넘어가지 못하는 사람들은 위기를 재수 없는 일 혹은 억울한 일로 여길 뿐입니다.

우리는 누구나 삶 속에서 위기를 겪습니다. 시점이나 종류가 다를 뿐이지요. 위기는 상황에 따라 재수 없이 한 번 겪은 '위험 사건'으로 끝나기도 하고 또 다른 '성장의 계기'가 되기도 합니다. 여러분도 본인의 삶에서 과거를 돌아보면 당시에는 너무나 힘들었지만, 그 이후에 성장한 경험을 해보셨을 것입니다.

그 차이는 어디에서 올까요? 우리가 나에게 벌어진 위기를 어떻게 해석하느냐에 달려 있습니다. 위기를 어떻게 해석하느냐에 따라 위기 이전과 똑같은 삶을 선택할 수도 있고, 다른 삶을 선택할 수도 있습니다. 옳고 그름의 문제라기보다는 자신이 어떤 해석을 원하는지의 문제일 겁니다.

한자로 위기는 위험과 기회의 조합입니다. 영어에서 위기를 뜻하는 '크라이시스crisis'라는 단어의 어원은 의학에서 질병 치료의 터닝 포인트[16], 즉 어떤 조치를 취하느냐에 따라 살 수도 있고 죽을 수도 있는 지점을 뜻합니다.

내게 닥친 위기는 어떤 메시지를 담고 있고, 내 삶에 어떤 기회로 작용할 수 있을까요?

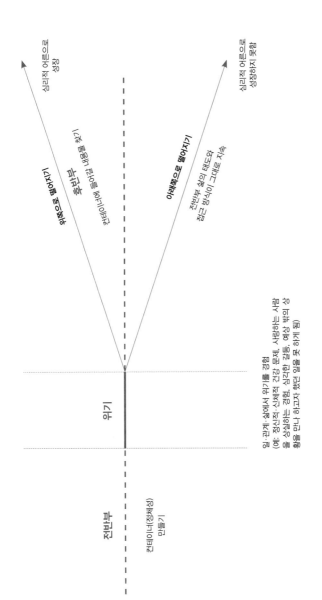

리처드 로어의 삶의 전반부와 후반부

리처드 로어의 《위쪽으로 떨어지다》를 읽고 지자 김흥기 핵심 내용을 시각화했다.

전반부

컨테이너(정체성)
만들기

위기

일·단계·삶에서 위기를 경험
(예: 정신적·신체적 건강 문제, 사랑하는 사람
을 상실하는 경험, 심각한 갈등, 예상 밖의 상
황을 만나 하고자 했던 일을 못 하게 됨)

위쪽으로 떨어지기

후반부
컨테이너 내용물 찾기

심리적 어른으로
성장

아래쪽으로 떨어지기

전반부 삶의 태도와
접근 방식이 그대로 지속

심리적 어른으로
성장하지 못함

나에게 벌어진 위기를 어떻게 해석하느냐에 따라 같은 사건이 나쁜 일이 될 수도 있고, 성장의 계기가 될 수도 있습니다. 아래 질문에 답하면서 위기를 기회로 만들어보세요.

✅ 이 위기는 나에게 어떤 메시지를 던지고 있는 것일까?

_____

_____

_____

_____

_____

✅ 이 '엿 같은' 상황은 내게 어떤 성장을 일으키려고 하는가?

_____

_____

_____

_____

_____

아직 이 질문들이 부담스럽다면...

지금 막 위기를 통과하고 있다면 위의 질문이 벅차게 느껴질 수도 있습니다. 지쳤을 때는 누구나 그렇지요. 그렇다면 아주 천천히 그리고 깊이 숨을 여섯 번 쉬어보세요. '스퀘어 숨쉬기square breathing'라는 테크닉이 있어요.[17] 천천히 넷을 세면서 숨을 들이마시고, 숨 참고 다시 넷을 세고, 천천히 넷을 세면서 숨을 내쉬는 것을 반복하는 호흡법이지요. 이렇게 여섯 번만 해보시겠어요?

그러고 나서 '이 상황을 지금보다 더 낫게 만들기 위해 나는 어떻게 대응하고 싶은가?'라고 질문해 나의 의도를 확인해보세요.

실패를
계획해본 적 있습니까?

3주 후 우리는 다시 만났습니다.

"오늘은 어떤 이야기부터 시작하면 좋을까요?"

"지난번에 나의 인생 후반부의 방향성에 대해 사람의 고유한 특성과 장점을 발견하고, 이를 브랜딩하도록 도와주는 사람으로 나아가고 싶다고 이야기했잖아요?"

저는 수진이 새로운 방향으로 나갈 구체적 액션에 대해 상의하고 싶어 할 거라고 생각했는데, 그는 다른 고민을 이야기합니다.

"회사로 복귀하기 전 2주 동안 진단 도구, 인터뷰 질문 개발, 서비스 홍보 방법 관련 계획들을 정말 신나게 세웠어요. 그런데 회사에 복귀하고 나니, 여러 생각이 들기 시작했어요. '과연 내가 제품이 아닌 사람을 브랜딩하는 일로 전반부만큼의 성공을 만들어낼 수 있을까?' 내가 새로운 방향의 길로 가기를 원하는 것은 확실한 것 같은데, 이 방향으로 갔다가 실패하면 어떡하나 하는 두려움이 솔직히 커요."

충분히 이해가 갔습니다. 저 역시 회사를 떠나 독립할 때 비슷한 두려움을 느꼈던 적이 있으니까요.

"혹시 새로운 방향의 삶, 우리가 말했던 후반부의 삶을 사는 것을

　　　　　　　　　Q6. 실패를 계획해본 적 있습니까?

당장 회사를 그만두는 것으로 생각하고 계신가요?"

"맞아요. 당장은 아니더라도 가까운 미래, 어쩌면 올해 안에 회사 생활을 정리하고 나의 브랜드를 런칭할 생각까지 하고 있었어요."

"그렇군요. 이사님이 어떤 그림을 어느 시점에 그리고 있는지 궁금했어요."

"코치님은 회사에 다니면서 이 계획을 실현할 가능성이 있다고 보시나요?"

"글쎄요. 그건 오히려 제가 이사님께 여쭤봐야 할 것 같아요. 만약 회사를 다니는 동안 새로운 방향으로 무언가를 해보고 싶다면, 현실적으로 해볼 수 있는 일은 무엇이 있을까요?"

그는 다시 노트를 살피며 이런저런 궁리를 하는 표정입니다.

"글쎄요. 코치님도 아시겠지만 회사 업무가 너무 바빠서 제가 별도로 시간을 내어 무엇을 할 수 있을까 싶네요."

"이사님, 우리끼리 이야기니 편하게 말씀해주세요. 후반부 삶이 이사님의 가슴을 얼마나 뛰게 하나요?"

"의심의 여지없이 가슴 뛰는 방향성이에요. 다만, 회사에 복귀하면서 설렘 이면의 실패에 대한 두려움을 보기 시작한 것 같아요. 그래서 좀 더 주저하게 되고요."

"누구나 새로운 시도를 할 때 두려움이 있지요. 그건 문제가 아닌데, 하나 여쭤볼게요. 이사님의 두려움의 원인이 회사를 나오면 월급이 없어지는 것에 대한 두려움일까요, 아니면 새로운 시도를 했다가 그동안 쌓아온 성공의 이력에 흠이라도 갈까 봐 두려운 것일까요? 아니면 제가 모르는 또 다른 두려움이 있는 것일까요?"

"제가 애매하게 답한다고 생각할 수 있는데, 그 2가지 모두가 아닐까 싶어요."

"오케이. 이사님 팀원이 몇 명이지요?"

"제 부서에? 6명이 있어요."

"바쁘게 회사 생활하면서 새로운 방향으로 무언가를 시도하는 것이 어려운 점은 이해했어요. 그렇다면 담당하는 팀원을 관리하는 업무와 새로운 시도 사이에 교집합 같은 것이 있을까요?"

수진은 호기심을 보이며 말합니다.

"제가 이해한 바를 이야기해볼게요. 코치님 말씀은 제가 회사를 떠나지 않고서도 새로운 방향의 시도를 할 수 있는 방법이 있다는 것이고, 직원들의 성장을 도와야 하는 부서장으로서 제가 그들의 고유한 특징을 찾아내고 그것을 개발해 커리어 브랜딩을 하도록 도와줄 수 있다는 거지요?"

"네, 맞아요. 혹시 그런 가능성에 대해서 어떻게 생각하시는지 궁금해요."

"좋은 생각이에요. 다만…."

수진은 갑자기 말끝을 흐립니다.

"6명 중 2명은 제가 그리 좋아하질 않아요. 최근 태도에도 문제가 있는 것 같고."

"새로운 시도에 적용해보고 싶은 팀원이 있어요? 하기 어렵거나 하기 싫은 것보다는 할 수 있고 해보고 싶은 것에 먼저 집중해보면 좋을 것 같아요. 중요한 것은 나아가고 싶은 방향으로 지금, 여기의 상황에서 할 수 있는 것들을 찾아서 조금씩 앞으로 나아가는 것이니까요."

"일단 팀원 중 두 사람이 떠올랐어요."

"아까 지금까지 잘해온 것처럼 새로운 시도에서 잘하지 못하면 어쩌나 하고 걱정이 든다고 했는데, 구체적으로 어떤 걱정인가요?"

"크게 보면 독립했다가 직장에서 나온 것을 후회하게 되면 어쩌지 하는 두려움이 있고, 작게 보면 이런 거예요. 제가 마케팅 도구를 써서 어떻게 사람의 고유한 장점을 발견해나갈지 링크드인에 포스팅을 몇 개 썼는데 아직까지 올리지 못했어. 예전에 링크드인에 포스팅을 하면 사람들이 '좋아요'도 눌러주지 않고 해서 몇 년간 거의 업데이트를 안 했거든요. 사람들의 반응이 별로 없으면 어떨지 좀 두렵긴 해요."

"그래요. 2가지 모두 충분히 이해가 됩니다. 저 역시 모두 경험했던 것이라서요. 우리가 마케팅 캠페인을 기획하거나 할 때, 보통 성공적인 브랜드 런칭을 예상하면서 기획을 하고 계획을 세우잖아요."

"그렇지요."

"엉뚱한 제안인 것은 아는데, 실패를 계획해보는 것은 어떨까요?"

"실패를 계획한다고요?"

"맞아요. 그동안 활동하지 않던 소셜 미디어 공간에 새로운 콘텐츠를 올린다고 했을 때, 처음부터 성공적인 반응을 기대하는 것은 현실적이지 않아요. 사람들의 관심이 별로 없는 것을 실패라고 규정해본다면, 언젠가 사람들의 관심과 반응이 많아지는 때까지 어느 정도 실패를 경험하고, 그 실패로부터 배워서 또 다른 시도를 해보는 기간, 즉 계획된 실패 기간이나 횟수를 미리 생각해보는 거예요."

"실패를 의도적으로 계획하는 것이 과연 현명한 것일까요?"

"실패를 계획하게 되면 몇 가지 장점이 있어요. 첫째, 이사님께서 콘텐츠를 만들어놓고 올리지 못한 이유는 뭐였지요?"

"혹시라도 사람들이 관심을 보이지 않으면 힘이 빠질 거 같아서요."

"올리기도 전에 어떻게 사람들이 관심을 가지지 않을 거라고 믿지요? 그렇다면 언제쯤 그 콘텐츠를 올릴 수 있을까요?"

"완벽하게 다듬어서 내가 자신이 있을 때?"

"저는 또 다른 방식을 한번 생각해보면 좋겠어요. 작은 '실험'들을 해보는 거죠. 실패를 계획하는 이유는 그래야 좀 더 용감하게 시도해나 갈 수 있기 때문이에요. 우리가 실패를 계획했다면 큰 부담 없이 콘텐츠를 올릴 수 있지 않을까요? 실패를 해야 계획을 달성하는 것이 되니까요. 그럼 어떤 콘텐츠는 반응이 좀 더 빨리, 많이 올 것이고, 또 어떤 것은 이사님 예상대로 별 반응이 없을 텐데요. 그러면 그 차이가 무엇일지 고민하면서 그 실험들을 통해 배우고, 개선해나가는 방식은 어떻게 생각하세요?"

"좋은 방법 같아요."

Q6. 실패를 계획해본 적 있습니까?

해봐야 안다[18]

"해봐야 알겠지요."

서민정 미술 작가는 그림을 어떻게 그려야 할지 묻는 제게 다소 퉁명스럽게 이렇게 답했습니다. 일단 그려봐야 배치나 색깔, 크기 등을 볼 수 있고, 그런 과정을 통해 더 나은 그림을 그릴 수 있다는 뜻이었습니다. 저는 이 말을 두고두고 곱씹었습니다.

앞으로 무엇을 해야 할지, 자신이 어떤 분야에 재능이 있고 무엇을 잘하는지 몰라서 고민인 사람들이 있습니다. 제가 안타까운 경우는 고민만 하면서 무엇도 시작하지 않는 이들을 볼 때입니다. '이러면 괜찮을까?', '저쪽이 더 낫지 않을까?'라고 고민만 하면서 시간을 보내다 기회와 멀어지고 있는 것은 아닐까요?

제가 직업으로 삼고 있는 코칭이란 분야를 처음 알게 된 것은 2003년 출장에서였습니다. 싱가포르 공항에서 비행기를 기다리며 데이비드 차드라는 미국인 동료와 맥주를 마시게 되었습니다. 당시 저는 컨설턴트로 일하고 있었는데요. 그는 제게 코칭과 컨설팅의 차이에 대해 질문했고, 저는 제대로 답하지 못했습니다. 코칭이나 컨설팅이나 비슷한 것 아니냐고 반문했지요.

그는 고객에게 답을 주려는 컨설팅과 달리 질문을 통해 고객이 스스로 자신의 답을 찾도록 돕는 분야가 코칭이라고 말해주었습니다. 그 말이 제게 매우 인상적으로 다가왔습니다. 제가 작성한 컨설팅 보고서나 프리젠테이션 결과물을 과연 고객들이 얼마나 실제로 적용하고 있는지에 대한 의문을 종종 가졌기 때문입니다.

한 사회심리학 연구 결과에 따르면 사람들은 답을 자기가 직접 찾아낼 때 혹은 그렇게 느낄 때 이를 실행으로 옮길 가능성이 더 높습니다.[19] 그 뒤로 저는 코칭에 대해 조금씩 공부하며 작은 실험들을 해보게 되었습니다. 우선 당시 다니고 있던 직장 안에서요. 그때 한 실험들 중에는 실수도 있고 어설픈 것도 있었지만, 저는 실험을 통해 조금씩 배우고 발전해나갔습니다.

작가란 무엇을 하는 사람인지 물었을 때 서민정 작가는 3가지를 말했습니다. 그에 따르면 작가는 무엇인가를 만들고make, 이를 관람객이나 평론가들에게 보여주며show, 그들로부터 감상평, 비평, 판매 등의 피드백feedback을 받는 사람입니다.

제가 코치라는 직업을 만들어온 과정도 마찬가지입니다. 코칭으로 프로젝트를 만들고, 고객들에게 제안과 실행을 하고, 평가나 판매 등의 피드백을 받는 것으로 이루어져 있습니다.생각으로만 그치지 않고 행동으로 실험해보고, 남에게 보여주고, 피드백을 받는다는 것은 불안하고 어색합니다. 마치 사람 많은 공원에서 자전거를 처음 배우며 넘어지지 않을까 걱정할 때처럼요.

그러나 고민은 필요하지만, 고민만으로는 답이 나오질 않습니다. 우리에겐 여러 번에 걸친 작은 실험들이 꼭 필요합니다. 무엇이든 시작하고 작게라도 만들어봐야 그 과정에서 나에게 무엇이 맞고 무엇이 맞지 않는지를 알 수 있으며, 때로는 생각지도 않았던 또 다른 기회가 열리기도 합니다.

학교를 졸업하고 회사에서 웹서비스 기획자로 일하다가 30대 중반에 노원구 주택가에 동네 서점을 창업한 사람이 있습니다. 그 동네 서점은 2년을 가지 못하고 문을 닫았습니다. 이것만 본 사람들은 창업 실패로 규정할지 모릅니다. 그러나 서점 문은 닫았지만, 그 실험으로부터 그의 열정은 열렸습니다. 자신이 콘텐츠 기획에 진지한 열정과 관심이 있다는 점을 깨달은 것입니다. 그렇게 자신이 어디로 뛰어야 할지를 알게 된 그는 더욱 속도를 낼 수 있었습니다.

그는 이후 어떻게 되었을까요? 동네 서점 운영 경험을 내세워 전자책 회사에 취업했고, 콘텐츠 큐레이션 회사에서 사업 전략을 담당했다가, 매일 하나씩 노트를 발행하여 24시간 동안만 공개하는 것으로 유명한 '롱블랙'이라는 미디어를 출시했습니다. 바로 타임앤코 김종원 부대표입니다. 그가 만약 고민만 하고 실험을 하지 않았다면 지금처럼 자신의 길을 만들어갈 수 있었을까요?

꼭 창업이 아니어도 좋습니다. 일하고 있는 직장 내에서 새로운 제안을 해보거나, 해보지 않은 프로젝트에 참여해보거나, 퇴근 후 사이드 프로젝트를 해보거나, 무언가를 배워보거나, 소셜 미디어를 꾸준히 해보거나, 새로운 사람을 만나서 대화해보거나 등 다양한 실험거리들을 주변에서 찾아볼 수 있습니다.

저는 최근 새로운 시도를 위해 여러 곳에 지원을 해야 했을 때, 열 번 거절당하기를 목표로 시도했습니다. 1년에 걸쳐서요. '안타깝게도' 열 번 거절당하는 것에는 실패했습니다. 열 번에 이르기 전에 지원한 곳에 붙었기 때문이죠. 앞으로의 과정에 또 다른 실수와 실패가 기다리고 있을 것입니다. 하지만, 반복되는 실패 속에서 결국 이루고자 하는 목표에 더 가까이 갈 수 있습니다.

즉흥 음악 전문가이자 피아노 연주자이면서 재즈 스쿨로 유명한 버클리 음대의 케니 워너Kenny Werner 교수는 우리가 흔히 생각하는 성공과 실패에 대해 다른 해석을 내놓습니다.[20] 무엇인가를 시도했다가 원하는 결과를 얻으면 성공, 무엇인가를 시도했다가 원하는 결과를 얻지 못하면? 우리는 이것을 실패라고 부르지만 그는 이것 역시 또 하나의 성공이라고 부릅니다. 왜냐하면 거기에서 배워서 더 나은 시도를 할 수 있기 때문입니다. 그렇다면 그가 정의하는 실패는 무엇일까요? 시도했다가 안될 것이 두려워 아예 시도조차 하지 않는 것입니다.

내가 어떤 마인드셋을 갖고 있는가는 일이 예상대로 잘 풀려갈 때 나타나지 않습니다. 반대로 상황이 예상대로 흘러가지 않을 때, 내가 이 상황을 어떻게 해석하고, 대응해나가는지를 통해 진정한 마인드셋이 드러나죠. 스탠퍼드대학교 심리학과 교수 캐럴 드웩은 베스트셀러《마인드셋》에서 정치학자 벤저민 바버의 말을 인용합니다. "세상은 강자와 약자, 또는 승자와 패자로 구분되지 않는다. 다만 배우려는 자와 배우지 않으려는 자로 나뉠 뿐이다."[21]

김종원 부대표의 사례에서 보듯이 어떤 시도는 실패처럼 보일 수 있겠지만, 그러한 시도는 또 다른 기회의 문을 열어줍니다. 물론 시도의 결과와 상관없이 이로부터 배우려는 자세만 있다면 '계획한 실패'는 우리에게 최선의 성공 전략이 될 수 있습니다.

삶에서 '정말 나다운 일이 무엇일까?'에 대한 답을 찾아내고, 그 영역에서 하지 않던 시도를 할 때에 두려움이 앞서는 것은 당연합니다. 하지만 작은 실험들을 계속 해봐야 정말 내가 좋아하고 잘하는 것을 찾아갈 수 있답니다.

40대까지 트럭을 몰다가 미술 평론가로 변신하여 퓰리처상까지 받은 제리 살츠Jerry Saltz는 《예술가가 되는 법》에서 사람들 앞에서 조금씩 자기 자신이 되어가는 과정은 어색함과 쑥스러움이 동반되는 것이 당연하니 이를 기꺼이 받아들이라고 조언했습니다. 부끄러움은 나다움을 찾아가는 여정에 반드시 함께하게 됩니다. 부끄러움을 느끼는 것을 당연하게 생각하고 오히려 목표로 해보세요. 나다움에 한 발 더 다가설 용기가 날 테니까요.

자, 오늘의 질문은 다음과 같습니다.

✔ 어색하고 창피할까 봐 시도하지 않고 미루고 있는 일에는 무엇이 있습니까?

_____

_____

_____

_____

_____

✅ 시도하기로 마음먹었다면, 여러분이 계획하고 싶은 실패는 무엇이고, 몇 번 정도를 목표로 하십니까?

_____

_____

_____

_____

아직 이 질문들이 부담스럽다면...

집필 과정에서 퇴고하기 위해 다시 이 부분을 펼쳤을 당시, 그 주에 저는 몇 달 전 시도했던 실험에 대해 공식적인 '거절' 통보를 받았습니다. 그리고 그때 함께하고 있던 트레바리 북클럽 구성원들에게 거절받는 것에 성공했다고 알리자 "또 다른 성공에 가까워졌다", "다른 방법으로 시도할 수 있는 실마리를 얻었다", 심지어 "부럽다"는 격려를 받았습니다. 당시 북클럽에서 서로의 시도와 실험을 격려하고, 거절받고 부끄러움을 느끼는 것을 오히려 목표로 해보자고 제가 클럽장으로서 제안했기 때문입니다. 놀라운 것은 이때 거절했던 기관에서 몇 달 후 새로운 기회를 제게 제안했다는 사실입니다. 만약 제가 실패가 두려워 시도조차 안 했다면, 그리고 초반의 거절과 실패가 없었다면 그 기회를 가질 수 있었을까요? 여러분도 이런 흥미진진한 실험을 함께 해보시면 어떨까요?

Special Tip

실패할 용기만 있다면
무모한 도전도 가능하다

"열 번 거절당하기를 목표로 하고 시도했던 일이 도대체 뭔지 말해줄 수 있어요?" 수진이 물었습니다.

저는 서울 홍대 근처에 있는 한 갤러리에서 받은 메일을 보여주었습니다. 그 메일에는 검토 결과 작업과 기획의 방향이 공간의 방향과 달라서 대관이 어려울 것 같다는 답변이 담겨 있었습니다. "긍정적인 답변 드리지 못해 죄송합니다."

"호 코치님 전시를 하려고요?" 저는 어색한 웃음을 지으며 끄덕였습니다. 조금 부끄러웠기 때문입니다.

맞습니다. 처음에는 가구를 만드는 목수가 되려고 목공을 배우기 시작했습니다. 2015년 영국의 데본에 위치한 목공 학교 로우덴 아틀리에Rowden Atelier에서 배우고 있을 때, 우연히 닉 웹Nic Webb이란 아티스트가 만든 나무 스푼을 보게 되었고 저는 순간적으로 그 아름다움에 빠졌습니다. 곧바로 그에게 급히 연락하여 그의 나무 스푼 2개를 구매했고, 이후 영국 출장길에 그의 스튜디오에 두 번 들러 나무 수저 만드는

법을 배우기 시작했습니다. 이후 미국 메인주에 위치한 목공 학교에서 조슈아 보겔Joshua Vogel에게, 그리고 서울에 있는 염동훈 작가 스튜디오에서 나무 수저와 관련 제품을 만드는 기술을 배웠습니다.

그러다 서민정 작가와 정기적으로 만나 예술에 대한 대화를 나누면서 저는 제가 만든 나무 수저를 미술 재료로 보기 시작했고, 이를 캔버스에 붙이면서 자화상 등의 작품을 만들었습니다. 얼마 후 서 작가가 개인전을 해보면 어떻겠냐고 제안했는데, 이는 제게 커다란 모험이었습니다. 저는 이 분야에서 아무런 경력이 없기 때문이었습니다.

포트폴리오를 만들어 갤러리에 대관 제안을 했을 때 위와 같이 거절 이유를 말해주는 것은 오히려 나았습니다. 대부분은 답변조차 없었습니다. 갤러리에서는 전시 경험이 있는지, 비평을 받아본 적이 있는지, 수상 경력이 있는지를 묻곤 하는데, 그 모든 질문에 제 답변은 "없다"였습니다. 그만큼 뒤늦은 무모한 도전이었는지도 모릅니다.

그래도 계속 응모하고 제안을 했습니다. 그러다 처음 워킹하우스 뉴욕콜렉티브Walkinghouse New York Collective에서 주최하는 정규 미술교육을 받지 않은 사람들에게 작품에 대해 발표할 기회를 주는 '셀프 메이드 지니어스Self Made Genius'라는 프로그램에 지원했다가 갤러리 관계자와 다른 아티스트 앞에서 10분간 제 작품에 대해 발표할 기회를 얻었습니다. 그리고 시간이 지나 두 군데의 갤러리에서 긍정적인 연락을 받았습니다. 한 곳에서는 대관을 제안했고, 또 한 곳으로부터는 전시 공모에 선정되었다고 연락이 왔습니다.

이처럼 전시를 할 수 있도록 갤러리에서 허락을 받은 것은 '성공'이지만, 저는 또 하나의 '실패'를 계획하고 있습니다. 첫 전시부터 좋은 평가를 받기는 어렵다는 사실을 알기 때문입니다. 하지만 이런 과정으로부터 배우고, 아티스트로서 성장해나가는 여정을 즐길 생각입니다.

4

누군가 나를 힘들게 한다면
이렇게 질문해보세요

관계 설정을 바꾸기 위해
꼭 해야 할 일은 무엇일까요?

직장 경력 10년 차로 30대 중반인 민영을 만나 처음 인사를 나누었을 때, 그는 표정도, 걸음걸이도, 악수한 손에도 힘이 빠져 있었습니다. '나 지쳤어'라는 말을 하지 않아도 보자마자 느낄 수 있었죠.

그는 오래전부터 오고 싶었던 기업에 그것도 희망했던 부서로 작년에 이직해 너무나 기뻤다고 했습니다. 이 회사에 입사할 때만 해도 앞으로 최소 10년 이상은 일할 것이라 생각했다고 합니다.

그런데 문제는 생각지도 못했던 곳에서 터져 나왔습니다. 그의 상사였습니다. 상사는 민영의 보고서에 대해 "너 같은 애들한테 월급 주는 게 아깝다", "어디에서 일 배웠길래 이 따위야"는 등의 말을 하면서 정작 구체적으로 어떤 부분을 개선해야 하는지에 대한 피드백은 주는 법이 없었습니다. 그러면서 응당 민영이 해야 할 일은 하지 말라고 하고 자신의 잡무를 민영에게 시키는 것이었습니다. 일을 배우기 위해서는 자신이 시키는 것만 하면 된다고 그럴듯하게 말하면서 말이지요.

민영은 반쯤 울먹이며 자신의 상황을 말했습니다.

"민영 님, 우리 걸으면서 이야기하면 어떨까요?" 감정이 격해 있던 민영도 그게 좋겠다고 생각했는지 동의했습니다.

"이제부터 5분 정도 이야기를 나누지 않고 걸을 거예요. 잠시 성수동 거리에 집중해보지요."

민영은 무슨 뜻인지 모르겠다는 표정으로 저를 쳐다봅니다.

"민영 님은 거리를 걸을 때 특별히 주목해서 보거나 하는 것이 있어요?"

"딱히 무언가를 집중해서 볼 일은 없었던 것 같은데요?"

"오늘은 거리와 나 사이의 관계를 좀 다르게 가져가본다고 상상해보겠습니다."

여전히 무슨 소리인지 모르겠다는 표정입니다.

"지금부터 거리를 걸으면서 오감을 열어두려고 해보세요. 어떤 것이 민영 님의 눈에 들어오는지, 귀에 들리는지, 코로 냄새가 맡아지는지, 얼굴이나 팔, 손, 다리 등에 촉감으로 느껴지는 것이 있는지, 혀로 느껴지는 맛이 있는지 등등. 무엇이든 좋아요. 5분 정도 걷고 나서 무엇이 느껴졌는지 얘기해볼까요?"

저는 뒤를 따라가기로 했습니다. 그때부터 그는 정면만 응시하던 시선을 좌우, 위아래로 옮기며 거리의 풍경을 살펴보기 시작했습니다. 가게의 간판이나 유리창에 비친 자신의 모습을 보기도 하고, 때로는 바닥에 아무렇게나 그려져 있는 페인트 무늬를 한참 쳐다보는 것 같았습니다. 잠시 서서 양팔을 벌리며 숨을 크게 쉬기도 했고, 냄새를 맡으려는 모습도 보였습니다. 중간중간 사진을 찍기도 했습니다.

어쩌다 보니 5분이 아니라 10분이 지났을 때 저는 그의 옆으로 다가가 말을 걸었습니다.

"좋아요. 한 10분 정도 지났는데 걸으면서 어떤 것이 민영 님의 오감에 다가왔는지 듣고 싶어요."

"무엇보다 저는 글자들이 눈에 들어왔어요. 간판이나, 유리창에 적힌 글, 심지어 바닥에서도 글자가 눈길을 끌더라고요."

"민영 님의 눈에 들어온 글자들이 무엇이었는지 궁금한데요?"

"아까 사진도 찍었는데, '주차금지, all is well, hug me' 등이 눈에 띄었어요."

"오케이, 그 밖에 또?"

"커피 볶는 냄새, 사람들의 대화 소리, 지나가는 자전거 타이어가 바닥과 닿는 소리, 그리고 바람이 얼굴과 머리카락에 닿는 느낌? 이 정도를 느껴보았어요."

"아주 잘했어요. 이렇게 걸으면서 또 느낀 점이 있을까요?"

"짧은 시간이었지만, 길거리를 이렇게 걸어본 적이 있었나 싶네요. 오감에 집중하다 보니 아까 카페에서 흥분했던 것이 많이 가라앉았어요. 걷는 동안에는 그 생각이 거의 사라진 것 같아요."

"그래요. 아주 짧은 시간이었지만, 어디에 집중하는가에 따라 분노로 흥분했다가, 지금처럼 한결 편안해질 수도 있지요. 물론 아직 문제가 해결된 것은 아니지만요.

자, 계속해서 거리와 나의 관계를 새롭게 맺어보자고요. 이번에는 다시 5분간, 이번에는 정말 딱 5분 동안만 거리를 걸어보는 거예요. 오감으로 느끼면서 의도적으로 천천히."

"천천히…."

민영은 천천히라는 말을 반복하면서 다시 걷기 시작했습니다. 아까보다는 훨씬 천천히. 성수동의 작고 예쁜 가게들을 서서히 지나치면서 그렇게 걸었습니다.

그렇게 5분쯤 걸었을 때 민영에게 다가가 말을 걸었습니다.

"민영 님, 이제 아까 민영 님이 말했던 고민의 답을 찾아볼 시간이에요. 그 상사가 바뀔 거라고 생각하나요?"

"맞아요. 그 인간은 안 바뀔 거예요."

다시 그의 얼굴이 굳어졌습니다.

"하지만, 민영 님이 바꿀 수 있는 것이 딱 하나 있어요. 그 상사를 대하는 방식이에요."

몸보다 마음이 힘들 때[22]

앞서 말씀드렸지만 고민을 통해 의사를 결정해야 하는 대상에는 크게 보면 3가지의 관계가 있습니다. 일과의 관계, 타인과의 관계, 자기 욕망과의 관계. 그리고 각각의 영역에는 3가지 방향이 있습니다. 시작하거나, 끝내거나, 유지하거나.

첫째, 일과 나의 관계입니다. 새로운 직장에 들어갈지, 다니던 곳에서 나올지, 다니던 직장을 계속 다닐지 우리는 때로 고민해야 하고 어떤 식으로든 결정을 내려야 합니다. 새로운 프로젝트나 실행 방식과 관련해서도 새롭게 시도할지, 하던 것을 중지할지, 하던 대로 유지할지 때로 고민하게 됩니다. 직업도 마찬가지겠지요. 업 자체를 새롭게 시작해야 할지, 하던 것을 그만두어야 할지, 아니면 계속할지 등. 더 중요한 것은 내가 일에서 중요하게 생각하는 가치가 무엇인지에 대한 것입니다.

둘째, 타인과 나의 관계입니다. 다른 사람과의 관계에서는 끊임없이 고민이 생깁니다. 민영이 고민하는 것도 직장에서의 일이지만 핵심은 상사와의 관계 설정에 있습니다. 물론 업무뿐 아니라 개인적인 관계에서도 우리는 새로운 관계를 만들거나 기존의 관계를 끊어야 할지, 아니면 그대로 유지해야 할지에 대한 결정 앞에서 고민하게 됩니다.

셋째, 내 안의 욕망과 나의 관계입니다. 예를 들어 사는 곳을 대도시로 할지 소도시로 할지에서부터 돈을 바라보는 시선 그리고 새로운 취미나 문화, 영성적 활동에 이르기까지 우리는 계속해서 고민하고 결정합니다. 이는 단순한 선택 같지만 실은 자기 안의 욕망과 연결된 것입니다.

이러한 관계들 속에서 우리는 종종 몸보다 마음이 힘든 때를 마주하게 됩니다. 많은 경우 그 이유는 누군가 나를 힘들게 만든다고 느끼기 때문입니다. 이럴 때 해결책을 바로 찾기보다 먼저 마음이 힘든 나를 보살펴주면 어떨까요? 정신과 의사이자 작가인 문요한은 도심 속 숲이나 공원과 같은 자연을 걸으면서 상담을 진행합니다. 이때 내담자가 모든 것을 오감에 집중하도록 한다고 하는데요. 문 작가는 그 과정에서 "손의 솜털에 바람이 닿는 것을 느낀다"라고 제게 말해준 적이 있습니다.[23] 그 이야기를 들으며 손의 솜털에 바람이 닿는 것을 느낀 적이 언제였나 하고 생각했지만, 기억할 수가 없었습니다. 그는 마음이 힘들 때 자기 몸의 감각에 집중하면 스트레스를 낮출 수 있다고 말합니다.

문요한 작가의 이야기를 들으며 생각난 것이 있었습니다. 영국의 데이비드 펄David Pearl이 제안한 '스트리트 위즈덤Street Wisdom' 캠페인입니다. 펄은 우리가 매일 걷는 도시의 거리에서 고민의 힌트, 지혜를 찾아보자는 의미에서 2013년 스트리트 위즈덤 운동을 시작하여 전 세계로 확산해왔습니다. 앞서 제가 민영을 거리에서 가이드한 것, 그리고 다음 장에서 계속될 부분은 바로 이 운동에서 가져온 것입니다.

사업가이자 예술가인 펄은 우리 마음속의 질문에 대해 좀 더 새롭고 쉬운 방식으로 접근할 수 있을지 고민했습니다. 그는 출퇴근 시간 우리가 바삐 걸어 다니는 거리에 주목했습니다. 출퇴근길 우리는 지하철이나 버스, 자동차와 같은 교통수단 안에서 시간을 보내기도 하지만 바쁘게 길을 걷기도 합니다. 외출을 하거나 점심시간에도 거리를 걷게 되지요.

저는 2023년 6월 말 런던 시간으로 오후 1시에 전 세계의 길거리에서 버추얼로 연결하여 진행하는 스트리트 위즈덤에 참여할 기회가 있었습니다. 한국 시간으로 오후 9시에 성수동 길거리에서 스마트폰으로 접속했지요.

1시간 동안 진행된 스트리트 위즈덤은 처음 10분 동안 자신이 걷는 거리를 시각, 청각, 촉각, 후각, 미각 등 오감을 최대한 발휘하여 살피는 일로 시작합니다. 무엇이 눈과 귀에 들어오는지, 길거리에 어떤 패턴이 읽히는지 등을 살피며 평소보다 천천히 걷습니다.

제 경우에는 표지판과 가게 간판에 적힌 서로 다른 색깔과 모양의 글자들('주차금지, 에스프레소, 바, 02, 03' 등)이 눈에 들어왔고, 전에 보지 못했던 가게들도 발견했습니다. 또 무심코 지나가는 자전거가 달리는 소리와 커피 볶는 냄새 등을 느낄 수 있었습니다. 펄은 이 첫 번째 단계를 거리를 걸으며 나의 오감을 '튜닝'하는 단계라고 부릅니다.

두 번째는 질문을 던지는 단계입니다. 질문은 너무 거대하거나, 단답형 질문이 아닌 그 중간쯤인 것이 좋습니다. 예를 들어, 한 해의 절반이 지난 시점에서 하반기를 어떻게 보내고 싶은지, 직장을 나와 새로운 일을 시작한다면 무엇을 할지, 혹은 현재 진행 중인 일을 어떻게 접근하는 것이 나을지 등을 생각해볼 수 있습니다.

그다음에는 이 질문을 마음에 품되, 오감을 열고 천천히 길을 걸으며 거리가 나에게 어떤 힌트나 지혜를 제공하는지 연결을 시도합니다. 펄은 우리가 너무 자기 내부로만 생각이 향하며 고민할 때 스트리트 위즈덤을 통해 내부의 고민과 외부 세계의 자극을 서로 연결해보라고 제안합니다. 그는 거리가 제공하는 외부 모습으로 주의를 돌리되, 마음속의 질문을 새로운 각도에서 생각하고 싶다는 의도를 유지하면서 연결을 시도해보라고 조언합니다.

마지막 단계는 공유로, 전 세계에서 버추얼로 연결된 사람들은 이 1시간 동안 무엇을 느꼈고, 어떤 지혜를 발견했는지를 나누었습니다. 혹은 혼자서 노트에 자신의 느낌을 적어도 됩니다.

이들은 스트리트 위즈덤 운동을 '워크숍workshop'이란 영어 단어를 살짝 비틀어서 '걷다'라는 뜻이 결합된 '워크숍walkshop'이라는 용어로 부르고 있었습니다. 이후 저는 북클럽 트레바리 '환승클럽'의 구성원 일부와 함께, 그리고 스타트업 경영자인 코칭 고객 등과 함께 스트리트 위즈덤을 활용해보았습니다. 고민에 사로잡혀 마음이 힘들 때는 상황을 바꿔보면 도움이 되는데요. 그런 측면에서 스트리트 위즈덤은 우리에게 도움이 될 수 있습니다.

독자 여러분도 고민이 있다면 사무실이나 집에만 있기보다 잠시라도 주변을 걸으며 길거리가 주는 지혜와 연결되는 경험을 해보는 것은 어떨까요?

스트리트 위즈덤은 마음이 힘들 때뿐 아니라, 어떤 아이디어를 떠올릴 때, 혹은 매일의 운동처럼 활용할 수 있습니다.

- ✅ 먼저 지금 있는 곳 주변의 거리로 나가봅니다. 물론 내가 좋아하는 거리로 가도 되겠지요. 처음 5분 동안은 오감에 집중하며 내가 거리를 어떻게 느끼는지 등을 찾습니다. (눈에 들어오는 것이 있다면 사진을 찍어도 좋습니다. 저는 개인적으로 스마트폰 사진 앱에 '스트리트 위즈덤'이라는 앨범을 만들어 사진을 모아둡니다.)

- ✅ 그다음 5분은 속도를 늦추는 것에 집중하며 걷습니다.

- ✅ 이렇게 오감과 천천히 걷기에 집중하는 과정을 거친 뒤, 오늘 거리를 걸으며 생각해보고 싶은 질문을 떠올립니다.

- ✅ 이번에는 나의 질문 하나를 계속해서 떠올리면서 오감을 열고, 천천히 걸으면서 거리에서 내게 다가오는 것과 질문을 연결시켜보는 단계입니다. 20~30분 정도 이렇게 걷습니다.

- ✅ 그러고 나서 차나 커피 한잔을 마시며, 거리가 내게 준 지혜가 무엇이었는지를 생각하며 누군가와 대화를 나누거나 노트에 내 느낌을 적어봅니다.

아직 이 질문들이 부담스럽다면...

만약 스트리트 위즈덤을 해보고 싶은데 어떤 질문을 던져야 할지 잘 모르겠다면 어떻게 할 수 있을까요? 그럴 때는 그냥 거리를 천천히 걸어보세요. 그리고 고민은 잠시 제쳐두고 감각에만 집중해보세요. 눈으로 보고, 코로 냄새를 맡고, 귀로 소리를 듣고, 혀로 맛을 보고, 피부로 감촉을 느끼는 것이지요.

산책을 하기도 힘든 상황이라면 가까이에 있는 먹을 것이나 마실 것의 냄새를 집중해서 맡아보세요. 혹은 헤드폰이나 이어폰을 끼고 좋아하는 음악을 들으면서 귀에 들어오는 특정 악기 소리에 집중해봅니다.

저는 어제 엘라 피츠제럴드와 사라 본 두 사람이 각각 부른 'All the things you are'이라는 곡을 큰 헤드폰을 쓰고 들으면서 한 번은 베이스, 또 한 번은 트럼펫, 그리고 마지막으로 가수의 목소리에 집중하면서 세 번씩 반복해서 들어보았어요. 이렇게 하면 무엇이 좋냐고요? 확실히 스트레스가 줄어들고, 만약 흥분한 상태라면 숨을 깊이 쉴 수 있게 됩니다!

나는 내 안에 있는 힘을
얼마나 쓰고 있을까요?

"2019년에 사회심리학 분야에서 꽤 유명한 《사람일까 상황일까》라는 책을 번역한 적이 있어요. 세계적인 베스트셀러 작가 말콤 글래드웰이 자신의 인생을 바꾼 책이라고 〈뉴욕타임즈〉에 인터뷰하면서 또 한번 화제를 불러일으킨 책이기도 하지요. 이 책의 제목에 대해서 생각해보면 현재의 고민을 보다 지혜롭게 풀어나가는 데 도움이 될 것 같아요."

"어떤 이야긴지 궁금한데요?"

"상사의 행동을 보면서 이렇게 생각한 적이 있을지 모르겠어요. '저 사람은 왜 저렇게 말하고, 왜 저런 행동을 하지?'"

"맞아요. 그런 생각을 한 것이 한두 번이 아니에요."

"사실 그 질문은 사회심리학에서 오랫동안 고민해온 주제입니다. 2가지 해석이 가능해요. 하나는 사람, 즉 그만이 갖고 있는 성향이나 성격적인 특성 때문에 그런 행동을 한다고 보는 입장이 있고, 또 하나는 상황, 즉 그가 처한 독특한 상황 때문에 그럴 수 있다는 겁니다."

"그런 예가 뭐가 있을까요?"

"대표적인 연구가 신학생을 대상으로 한 연구[24]인데, 민영 님도 짐작하겠지만, 신학생은 남을 도와주려는 성향이 일반인보다는 높겠지요?"

민영이 고개를 끄덕입니다.

"실제로 실험 결과도 그렇게 나왔어요. 만약 신학생들이 학교 캠퍼스를 걸어가다 누군가 쓰러져 있는 것을 보면 어떻게 할까요?"

"일반인들보다는 신학생들이 더 많이 도와주려고 하지 않을까요?"

"그렇게 생각한 이유는 뭘까요?"

"앞서 나온 실험 결과처럼 신학생이 일반인보다 남을 도와주려는 성향이 강하니까요."

"맞아요. 한 그룹의 신학생들 중 63퍼센트는 쓰러진 사람에게 도움을 주었어요."

"63퍼센트? 생각보다 높지 않은데요?"

"흥미로운 결과는 이제부터예요. 또 다른 그룹의 신학생들은 겨우 10퍼센트만이 도움을 주었다는 결과가 나왔어요."

"10퍼센트라고요?"

"지금 민영 님이 이상하게 생각하는 이유는 이들의 행동을 모두 신학생의 성향이나 성격과 연관 지어 생각하기 때문일 거예요. 하지만 이두 그룹의 차이를 만든 것은 성향이 아니었어요. 두 그룹 모두 남을 도와주려는 성향이 높은 사람들이었거든요."

"그럼 도대체 10퍼센트와 63퍼센트의 차이가 생긴 원인이 뭘까요?"

"첫 번째 그룹은 설교 연습 시간까지 시간적 여유가 있는 상황이었고, 두 번째 그룹은 연습 시간에 늦은 상황에 있는 사람들이었어요. 우리는 성격이 행동에 미치는 영향은 과대평가하고, 상황이 행동에 미치는 영향은 과소평가하는 경향이 있는데, 이를 사회심리학에서는 '기본적 귀인 오류fundamental attribution error25'라는 용어로 불러요."

"그 연구가 제 고민에 의미하는 바는 뭘까요?"

"우리가 이렇게 대화를 할 때, 민영 님이 저를 대하는 방식이 저에게 상황 요인으로 작용합니다. 반대로 민영 님에게 상황 요인은 제가 민영 님을 대하는 방식이 되겠지요."

"결국 지금 제가 고민해야 하는 것은 나를 힘들게 만드는 상사가 바뀌기를 기대하는 것이 아니라, 상사의 입장에서 상황 요인이 되는 제가 상사를 대하는 방식에서 무엇을 바꿀 수 있을지를 고민해야 한다는 뜻이겠네요."

"역시, 아주 잘 이해했습니다. 바로 그거예요. 상사뿐 아니라 앞으로 누군가 나를 힘들게 할 때 '그 인간이 제발 변하게 해주세요'라고 기도하는 것은 매우 순진하고 별 효과가 없는 기도일 거예요. 그보다는 '제가 그 인간을 대하는 방식을 바꿀 수 있는 지혜와 용기를 달라'고 기도하는 것이 사회심리학적 측면에서 더 낫겠지요."

그의 눈빛이 벌써 생각에 잠긴 것 같았습니다.

"자, 이제 일어나서 이번에는 혼자서 30분간 걷고 난 뒤, 정확히 3시에 다시 만납시다. 민영 님이 고민해야 할 질문은…"

"상사를 대하는 방식에서 무엇을 바꿀지 생각해보는 것!"

"그래요. 마음속에 그 질문을 품고, 오감을 열고 천천히 걸으면서 길거리의 무엇인가가 지혜를 주는지 주의를 집중해보세요. 분명 그 질문에 대한 힌트를 찾을 수 있을 거예요."

30분 뒤 우리는 카페에서 다시 만났습니다. 민영의 표정은 밝지만은 않았습니다.

"길거리를 걸으며 어떤 생각이 났어요?"

"가로수 주변에 작은 먼지와 쓰레기들을 유심히 보게 되었는데, 어쩌면 지금의 힘든 일이 제가 나무처럼 성장해나가는 과정에서 겪는 작은 찌꺼기 같은 걱정이라는 생각이 들었어요. 내 걱정을 너무 크게 바라보지 않게 되었다고나 할까요?"

"그래요. 어떤 걱정이 생기면 그것이 마치 내 전부인 것처럼 생각하지만, 또 다르게 보면 살아가면서 겪는 작은 사건들일 뿐이기도 하지요. 좋은 출발이네요!"

"또 걷다가 3개의 '주차 금지' 사인을 발견했는데, 그게 저의 생각을 자극했어요. 상사가 나에게 막말을 할 때, 일종의 금지 사인을 보낸다면 그것은 무엇일까? 어떻게 표현할 수 있을까? 그런 생각을 했던 것 같아요."

"상사가 하는 말이나 행동 중 그만두었으면 하는 것은 무엇일까요?"

"여러 가지가 있지만, 딱 2개만 고른다면 고성을 지르며 화를 내는 행동과 '월급값을 못 한다'는 말은 하지 않았으면 좋겠어요."

저는 동감을 표하며 민영에게 물었습니다.

"그 상사 입장에서 민영 님의 도움이 필요한 부분이 있다면 무엇일까요?"

"올해 연말 출시를 목표로 하는 프로젝트가 하나 있는데, 제 상사의 커리어에도 매우 중요한 것으로 알고 있어요. 그런데 그 프로젝트에서 제가 담당하는 부분이 매우 중요한 부분이에요. 왜냐하면 상사를 포함해 우리 회사에서 그 경험을 갖고 있는 사람이 거의 없기 때문이지요."

"오케이. 그럼 그 부분을 레버리지, 즉 지렛대로 써보면 어떨까요?"

민영이 무슨 뜻인지 궁금해하는 표정으로 저를 바라봅니다.

"'내가 당신을 돕기 위해 나를 도와주면 좋겠다Help me to help you'라는 표현을 한번 써봅시다. 상사에게 이렇게 이야기해보는 거예요. '연말 출시 프로젝트를 잘 서포트하고 싶습니다. 그런데 제가 더 동기부여되고, 더 잘 서포트하기 위해 부장님께 도움을 요청드리고 싶은 것이 있습니다.'"

"그러니까 내가 상사를 더 잘 도울 수 있도록 상사에게 도움을 요청한다는 거네요."

"그렇지요. 다음 문장은 무엇이 되면 좋을까요?"

"아까 제가 말한, 고성 지르기와 월급값도 못 한다는 말?"

"맞아요. '부장님께 도움 요청드리고 싶은 것이 있는데, 부장님께서 목소리를 높일 때와 월급값을 못 한다고 하실 때 제가 너무 마음이 힘듭니다'라고 표현해보는 것이 어떨까요?"

"부장 앞에서 당황하거나 얼굴을 찡그리고 있었던 적은 있어도 내가 얼마나 힘든지를 제대로 표현해본 적은 한 번도 없는 것 같아요. 더군다나 내가 당신을 더 잘 돕기 위해 당신도 나를 도와야 한다는 문장의 구조는 뭐랄까, 상사인 그와 거래할 것이 있다는 느낌이랄까? 저에게도 힘이 있다는 생각이 들어요."

"영어 단어 중 임파워empower라는 것이 있는데, 어떤 상황에 처해 있는 당사자가 통제감을 발휘하도록 힘을 준다는 뜻이에요. 상대방을 대하는 방식을 바꿀 수 있는 힘이 민영 님에게도 있다는 것을 앞으로 살아가고 일할 때 기억하면 좋겠습니다."

타인의 기대에만
부응하지 마세요

로욜라대학교 전문심리치료연구소의 학술 책임자이자 우드랜드그룹의 심리서비스 관리자인 퍼트리샤 지아노티 박사Dr. Patricia Gianotti는 일하면서 맺게 되는 직업적 관계, 친구나 가족들과 맺는 개인적 관계를 포함한 모든 사회적 관계에는 '로열티 컨트랙트loyalty contract'가 있다고 말합니다. (아직 적절한 번역어를 찾지 못해 그대로 옮깁니다. '충실'을 뜻하는 단어 '로열티'와 '계약'을 뜻하는 '컨트랙트'가 합쳐진 심리 분야 전문용어입니다.)

이 개념은 우리 행동을 이해하는 데 큰 도움이 됩니다. 저는 서울대학교 정신건강센터에서 개최한 세미나에서 관련 내용을 발표한 적이 있습니다.[26] 지아노티 박사가 펴낸 책[27]과 그와 직접 나눈 대화[28]

를 바탕으로 독자 여러분께 이 개념을 소개하고자 합니다.

로열티 컨트랙트란 무엇인가

어린 시절에 우리는 가족, 특히 부모의 기대에 따라 자신만의 로열티 컨트랙트를 내재화합니다. 예를 들면 '어른 말은 틀린 것이 없다', '어른이 말씀하실 때 토 달지 마라'부터 '여자는 얌전해야 한다', '남자는 울면 안 된다' 같은 지금 시대와 맞지 않는 기대까지.

왜 이런 로열티 컨트랙트를 따르게 될까요? 부모는 어린 시절 우리가 감정, 관계, 그리고 신체를 의지하는 거의 유일한 존재입니다. 부모의 기대를 충족해야 생존할 수 있기에 그 외에는 다른 선택지가 거의 없습니다. 따라서 아이들은 부모의 기대로 형성된 로열티 컨트랙트를 무의식적으로 체화하고, 그것이 삶을 살아가는 유일한 방식이라 믿게 됩니다.

이 암묵적인 계약을 따르지 않을 경우 아이는 벌을 받게 되기 때문에 심리적인 안전감을 유지하기 위해서, 그리고 생물학적으로 연결을 지향하는 인간으로서 가장 중요한 부모와의 관계를 지키기 위해서 로열티 컨트랙트를 따르게 되는 것입니다.

이렇게 우리 몸과 마음속에 체화된 계약은 성인이 되어서도, 심지어 인생 전체에 걸쳐 영향을 미칩니다. 우리가 살아가면서 다양한 상황에 처했을 때 자기도 모르게 자동으로 반응하는 기제로 작동하게 되는 것이지요. 하지만 우리는 자신의 행동이나 반응이 어린 시절 형성된 로열티 컨트랙트의 지배 하에 있다는 것을 인지하지 못한 채 성인기를 보냅니다.

불공정 계약을 깨뜨려라

지아노티 박사에 따르면 로열티 컨트랙트에는 건강하고 공정한 계약이 있는 반면 건강하지 못하고 불공정한 계약도 있다고 합니다. 건강하고 공정한 계약은 지위에 상관없이 생각, 감정 등을 존중하는 관계에서 이루어지며, 서로 안전하게 느끼고 자신이 가치 있는 존재라는 느낌을 공유합니다. 반면, 건강하지 못하고 불공정한 계약은 일방통행입니다. 한 사람이 관계를 거의 독점하고 일방적으로 주도하면서 상대에게 존중을 강요하고 자신은 상대방을 존중하지 않는 관계입니다.

따라서 '어른의 말이 무조건 옳다'고 강요하는 계약은 당연히 건강하지 못하고 불공정한 계약이 됩니다. 가장 안전한 존재여야 할 부모에게도 '노'라고 말하지 못하고, 자신의 의견이나 주장을 펼 수 없다면, 과연 그 아이가 사회에 나가 누군가 자신의 안전을 위협할 때 제대로 저항할 수 있을까요?

예를 들어보겠습니다. 저는 어린 시절 '어른 말 틀린 것 하나 없다', '부모가 너 잘못되라고 그러겠니? 다 너 잘되라고 하는 거야!'라는 로열티 컨트랙트를 형성하며 살아왔습니다. 부모가 지시할 때 제 의견을 제시하기보다는 그저 "예"라고 하고 시키는 대로 하면 칭찬과 보상을 받았습니다. 저에게는 생존을 위한 방법이었겠지요. 이렇게 자라면서 저는 어른에 대한 자연스러운 존경이 아닌 '나이 많은 사람들 혹은 나보다 권력이 센 사람들의 말이 더 가치 있고 옳다'는 무의식적인 계약을 내재화해왔습니다.

저는 법적으로 성인이 되고 나서도 오랫동안 어린 시절 체화한 계약에 의해 행동하고 있음을 깨닫지 못한 채, 다른 사람과 생각이 다르거나 거절하고 싶을 때 '노'라는 말을 제대로 못 하고 살아왔습니다. 왜냐하면 제 안에 형성된 로열티 컨트랙트에 따르면 그렇게 하면 제 안전이 위협받는다고 무의식적으로 생각했기 때문입니다.

물론 이미 부모로부터 독립한 저의 행동에 대해 더 이상 제 부모를 탓할 수는 없습니다. 제가 부모가 되더라도 저는 제 의도와 상관없이 아이와의 관계에서 무의식적으로 로열티 컨트랙트를 만들게 될 것입니다. 누구나 형태는 다르지만 이러한 '계약'을 내재화하고 있겠지요.

중요한 것은 자신이 어떤 로열티 컨트랙트를 갖고 있는지 돌아보고, 이것이 과연 내가 원하는 건강하고 공정한 계약인지 묻고, 변화와 개선을 해나가는 것입니다. 건강하지 못하고 불공정한 계약이 자기에게 작동하고 있지는 않은지 성찰하고, 이를 극복하기 위해 노력하는 것이 심리적으로 진정한 성인이 되는 길이겠지요. 이것은 부모가 아닌 자신의 몫이고 누구도 대신해줄 수 없습니다.

심리적 성인으로 나아가기

그렇다면 심리적 성인으로 나아가기 위해 자기 안의 로열티 컨트랙트를 성찰해보고, 필요한 부분을 변화시키고 싶다면 어떻게 해야 할까요? 지아노티 박사는 이렇게 제안했습니다.

먼저, 어린 시절 가족들 사이에 명시적 혹은 암묵적으로 지켜지던 규칙이 무엇이었는지 스스로에게 물어보세요. 혹은 가족들 사이에 힘(권력)을 갖고 있던 사람이 누구였고, 누군가 그 권위에 도전했을 때 어떤 일이 벌어졌는지 생각해보세요. 이 질문을 던지다 보면 내가 나도 모르게 내재화한 로열티 컨트랙트가 무엇인지 찾을 수 있습니다. 위에서 제가 찾아냈듯이 말이지요.

다시 한번 말하지만 자신의 로열티 컨트랙트를 찾고 변화하는 일은 누구도 대신 해줄 수 없습니다. 심리상담 전문가와 같은 사람이 옆에서 도울 수는 있어도 변화는 결국 본인이 감당해야 합니다.

불공정한 상황에 처했을 때는 내 힘으로 어쩔 수 없는 경우가 많습니다. 그런 상황에서 우리는 '저 사람은 나보다 지위가 더 높으니까, 권력이 더 세니까, 돈이 더 많으니까' 등등의 이유로 수동적인 태도를 취하고는 합니다. 건강하지 못한 관계 속에 있는 자신의 상황을 어쩔 수 없다고 받아들이는 것이지요.

하지만, 어렵고 불공정한 상황 속에서도 관계를 건강하게 만들 수 있는 힘이 내 안에 있다고 믿을지 말지는 내가 선택할 수 있습니다. 상대방을 대하는 방식에 작은 변화를 추구할지 말지 스스로에게 물어보는 것입니다.

　건강하지 않은 관계에서 자신을 보호하는 하나의 방법은 자신의 경계를 보다 명확히 하고, 나를 불공정하게 대하는 사람과 새로운 방식으로 관계를 설정하는 시도를 해보는 것입니다. 지아노티 박사도 관계를 유지하기 위한 조건으로 (재)협상하는 노력을 강조합니다. 즉 불공정한 계약 사항을 상대방에게 명확히 이야기하면서 이러한 조항이 지속되거나 반복된다면 나는 이 관계에 머무를 수 없다고 말하는 것이지요. 내가 이 관계를 지속하기 위해 필요한 것이 무엇인지 제시하고, 이에 대해 상대방이 협조할 것인지 묻는 것입니다. 상대방에게 계약을 바꿀 기회를 주는 것이지요.

　어린 시절에는 이런 협상을 할 수 있는 힘이 매우 취약합니다. 그렇기 때문에 불공정한 계약이라 하더라도 자신의 생존을 위해 이를 받아들일 수밖에 없는 것이지요. 하지만 성인이 되어서도 자신에게 재협상을 할 수 있는 힘이 있다는 사실을 모른 채, 어린 시절 맺은 건강하지 못한 계약을 내재화하여 자신도 모르게 무조건 불공정한 관계를 이어가고 있는 것은 아닌지 되돌아볼 필요가 있습니다.

　건강하지 않은 관계의 상황에 처하게 될 때 저는 습관적으로 움츠러드는 자신을 발견합니다. 그 순간 저는 저에게 말을 겁니다. "호야, 어린 시절의 너는 이런 상황에서 힘든 부분이 있었을 것이고, 그래서 움츠러든 거야. 하지만 이제 너는 더 이상 어린 시절의 호가 아니라 성인, 게다가 훨씬 더 단단한 성인이야"라고 말하며 상대방을 다르게 대할 수 있는 힘과 도구를 제 안에서 찾기 시작합니다.

여기에서 중요한 것이 무엇일까요? 저는 용기가 핵심이라고 생각합니다. 폭력을 행사하는 사람에게 자신의 경계를 정확히 알리고, 이를 지키지 않을 경우 자신이 어떤 결정을 할지 상대방에게 명확히 말하는 것은 저를 포함해 누구에게도 결코 쉽지 않은 일입니다. 하지만 스스로를 보호하기 위해서는 반드시 필요한 용기입니다.

한편 우리는 불공정한 계약을 떠나는 선택을 할 수도 있습니다. 예를 들어 자신의 힘을 과용하여 부적절한 요구를 하는 상사에게 혼자서 혹은 연대하여 여러 노력을 할 수 있겠지만, 그것이 힘들 경우 때로는 관계 자체를 떠나는 선택을 할 수 있습니다. 퇴직, 이직, 혹은 이별이나 이혼 등이 여기에 해당합니다.

저는 이 책을 쓰던 중 몇 년에 걸쳐 상사에게 언어적·심리적 폭력을 당하며 괴로워하던 친구가 로열티 컨트랙트 개념에 대해 알게 되고, 이를 자신의 상황에 적용하여 '과연 이것이 건강한 관계인가?'라는 물음을 스스로에게 던지고 난 뒤, 여러 고민과 시도 끝에 결국 퇴사를 결심했다는 소식을 접했습니다.

이런 상황에서 불공정한 관계를 받아들이고 견뎌야 한다고 생각하고, 자신에게 다른 선택이 없다고 생각할 수 있습니다. 하지만, 저는 한 걸음 물러나 정말 자신에게 선택권이 없는지 솔직하게 물어보라고 제안하고 싶습니다.

제 친구는 용기를 내어 자신이 가진 선택권을 바라보았고, 결국 커리어를 더 성장시킬 수 있는 새로운 직장에 더 좋은 조건으로 입사했습니다. 저는 그 친구가 정말 소중한 경험을 했다는 생각이 들어 기뻤습니다. 왜냐하면 건강하지 않은 로열티 컨트랙트를 알아차리고 이를 바꿀 수 있는 힘이 다른 사람이 아닌 자기 안에 있다는 것을 스스로 알게 되었기 때문입니다. 그 친구가 자신의 용기로 얻게 된 마음의 근육을 앞으로도 소중하게 여기고, 새로운 여정을 힘차게 시작하길 응원합니다.

살다 보면 나를 힘들게 하는 사람들을 종종 만나게 됩니다. 어떤 때는 매일 봐야 하는 가족인 경우도 있고, 가족보다 더 많은 시간을 같이 보내는 직장 동료일 수도, 친구일 수도 있습니다.

나를 힘들게 만드는 상대방이 절대로 변하지 않을 것이라 가정해봅시다. 그가 나를 대하는 방식을 보다 건강하게 바꾸기 위한 과학적 방식은 내가 그를 대하는 방식을 바꾸는 것입니다. 그러한 방식에는 "당신과 더 잘 지내고 싶다. 그러기 위해서 나에게 이런 말이나 행동은 하지 말라"라는 거절의 뜻을 성숙하면서도 명확히 전달하는 것과 함께 때로는 상대방과의 관계를 끊는 것도 포함됩니다.

로열티 컨트랙트 개념을 바탕으로 그 방법을 모색해봅시다.

◐ 어린 시절 나도 모르게 형성했고, 지금도 내가 각종 상황에 반응하는 방식에 자동적으로 개입하고 있는 나의 로열티 컨트랙트는 무엇인가요?

_____

_____

_____

_____

_____

✅ 그것은 건강하고 공정한 '계약'인가요 아니면 건강하지 않고 불공정한 '계약'인가요? 내가 상대방과 관계를 맺는 방식에서 바꾸고 싶은 '계약 조항'이 있나요?

_____

_____

_____

_____

✅ 그것을 바꾸기 위해 어떤 시도를 해보고 싶은가요? 누구의 어떤 도움이 필요한가요?

_____

_____

_____

_____

아직 이 질문들이 부담스럽다면...

때로 상대방에게 이런 말을 전하는 것이 두렵게 느껴질 수도 있습니다. 그럴 때 나를 도와줄 수 있는 사람이 누가 있을지 한번 생각해보고 그와 이야기를 나누어보는 것은 어떨까요? 어떤 경우든 하나만은 기억해주었으면 해요. 내가 그를 대하는 방식을 바꾸지 않는다면 그는 계속해서 똑같이 나를 대한다는 것을.

Special Tip
삶의 장벽을 만났을 때
해야 할 가장 중요한 일[29]

경영학을 전공한 뒤 전주시민미디어센터에서 직장 생활을 시작한 '고마워서그래' 신두란 대표는 결혼 후 남편 직장을 따라 충남 천안으로 거처를 옮기면서 좋아했던 첫 직장을 그만두게 됩니다. 낯선 환경과 경력에 공백이 생긴 상황은 그에게 분명 장벽이었지요.

게다가 첫째 아이는 음식 알레르기가 심해 밀가루, 깨, 견과류, 갑각류, 우유 등을 먹을 수 없었습니다. 동네 유치원에서는 아이 보살피기를 부담스러워했고 식당에서 아이에게 먹일 음식에 들어가는 재료를 꼼꼼히 물어보면 주인이 짜증을 내기도 했습니다. 낯선 곳으로의 이주, 좋아하던 직장에서의 퇴사, 아이의 건강 악화 등 장벽이 겹겹이었지요.

장벽을 마주할 때 우리는 2가지 역할 중 하나를 취하게 됩니다. 하나는 상황의 희생자입니다. 이 경우에 장벽은 하던 일이나 목표를 포기하게 만드는 이유가 됩니다. 반면 장벽 앞에서 내가 할 수 있는 선택이 무엇인지를 찾는 경우도 있습니다.

신두란 대표는 후자였습니다. 그는 아이의 알레르기를 치료하는 것보다 중요한 게 알레르기 질환에 대한 사회적 인식 개선이라는 생각에 이르렀고, 인터넷 카페 등에 관련 카드뉴스를 만들어 이런 인식을 확산시키기 시작했습니다. 미국 여행 중 평범한 식당에서조차 아이들의 알레르기 여부에 신경 써주는 것을 보고 자극을 받았지요.

우유 알레르기가 있어 시중에 판매되는 빵을 못 먹는 아이를 위해 기차를 타고 이곳저곳 채식주의 빵집을 알아보러 다니던 그는 자기 아이뿐 아니라 비슷한 문제로 고생하는 아이들을 위해 할 수 있는 일이 없을까 생각하게 됩니다. 결론은 천안에 작은 가게를 열어 직접 채식 빵과 쿠키 등을 만들기 시작하는 것이었습니다.

당시 활동하던 공동체 마켓에 빵과 쿠키를 판매할 기회가 있었습니다. 10개 정도 팔릴 거라 예상했던 그는 80개 넘게 팔리자 자신감을 얻었습니다. 이를 계기로 온라인 가게를 열었고, 어느덧 사업은 1년을 넘겼습니다.

신 대표의 이야기를 들으면서 정신과 의사인 스티븐 카프먼Stephen B. Karpman이 만든 '드라마 삼각형 모델'[30]이 떠올랐습니다. 그는 이 모델을 통해 우리가 종종 머릿속에서 그리는 역할 놀이에 대해 설명합니다. 이 모델에는 3가지 역할이 있습니다. 피해자와 가해자, 그리고 도피처가 되는 구조자 역할. 많은 사람들이 어려움에 처했을 때 자신에게는 책임이 없으며, 자기는 이 상황의 피해자이기 때문에 할 수 있는 일이 딱히 없다고 생각하며 피해자 역할에 머물게 됩니다.

하지만 인생의 장벽을 넘어서기 위해서는 이 드라마 삼각형 틀에서 빠져나와야 합니다. 데이비드 에메랄드^{David Emerald}는 드라마 삼각형 모델을 극복하는 모델을 제시하면서 피해자에서 창조자로 자리를 이동하도록 유도합니다.[31] 피해자와 창조자 역할의 가장 큰 차이는 자신이 지금 여기에서 할 수 있는 카드(선택지)를 찾아보려고 하는지 아닌지에 있습니다.

카드의 종류는 다양합니다. 자신을 힘들게 하는 사람을 대하는 방식을 바꾸는 경우도 있고, 신 대표처럼 소셜 미디어를 활용해 작지만 의미 있는 캠페인을 시도하거나 새로운 사업 가능성을 발견해 모험을 해볼 수도 있습니다. 때로는 문제 해결을 위해 타인과 연대하거나 정부나 정치인에게 이슈를 제기하는 경우도 있지요. 블로그에 글을 올리거나 책을 쓰는 것도 가능합니다.

제가 신 대표를 처음 인터뷰했을 때는 그가 천안에 온 지 9년째 되는 해였습니다. 그는 심각한 음식 알레르기를 겪던 아이가 어느새 일반 빵도 잘 먹게 됐다고 하며 웃었습니다. 그는 아이 알레르기로 고생하는 엄마들에게 결코 엄마의 탓이 아니니 죄책감을 느끼지 말라는 말을 전해주고 싶어 합니다. 그의 소망은 음식 알레르기로 인한 차별 없이 믿고 함께 먹을 수 있는 먹거리를 만들고, 음식 알레르기에 대한 오해와 편견 때문에 상처받는 이들이 없도록 하는 것입니다.

2023년 말 원고 작성을 위해 다시 신두란 대표에게 연락했을 때 더 반가운 소식을 접했습니다. 사업이 잘되어 함께하는 직원이 생겼고, 집에서 걸어서 출퇴근이 가능한 거리에 있는 좀 더 넓은 곳으로 매장을 확장 이전했다는 소식이었습니다. 장기적으로는 기업을 대상으로 하는 사업 계획을 세우느라 바쁘지만 가슴 뛰는 시간을 보내고 있었습니다.

코칭 대화를 하는 중요한 이유는 어려운 상황 속에서 피해자 역할에 머물러 있는 자신의 모습을 발견하고 이를 인정한 뒤, '피해자'에서 '창조자'로 자리 이동을 하기 위해 어떤 선택지가 있는지 살펴보고, 지금 이 자리에서 할 수 있는 시도부터 해나가기 위한 것입니다. 달리 말하면, '드라마 찍기'에서 빠져나오기 위한 것이지요. 이를 위해서는 시도와 실험이 필요합니다.

어떠세요? 어려운 상황 속에서 아직 피해자 드라마를 찍고 있다면 주변의 도움을 받아서라도 드라마에서 빠져나와 창조자로 자리 이동을 시도해보면 어떨까요?

5

전문성에 자신이 없다면
이렇게 물어보세요

과정도 즐겁고 결과도
만족했던 경험은 무엇이었나요?

상희는 저의 책《직장인에서 직업인으로》를 잘 읽었다면서 연락을 주었습니다. 책을 읽고 '평생 직장'을 꿈꿀 것이 아니라 '평생 직업'을 찾아야겠다는 생각을 하게 되었고, 책을 읽은 뒤 2년 넘게 고민했지만 여전히 자기만의 전문적인 직업을 무엇으로 삼아야 할지에 대해 답을 찾지 못했다고 했습니다.

"책에 밑줄도 긋고, 나름대로 노트에 정리도 해봤는데, 여전히 잘 모르겠어요. 무엇이 나의 직업적 전문성이 될 수 있을지… 이제 내년이면 마흔인데 마음이 조급해지기도 하고요."

"누구나 그럴 수 있어요. 50대가 되어서도 자신이 원하는 것을 모르는 경우도 많지요. 그럼 오늘 대화를 나누고 싶은 주제를 상희 님 입장에서 하나의 질문으로 정리해본다면 무엇일까요?"

"직업이 될 수 있는 나의 전문성은 무엇일까?"

제가 고개를 끄덕이는 사이 상희는 덧붙입니다.

"어쩌면 전문성을 어떻게 찾을 수 있을까 하는 것이 정말 묻고 싶은 질문인지도 모르겠어요."

제가 노트에 2가지 질문을 적고 있을 때 상희가 다시 얘기합니다.

"하나 더 말하자면, 나만의 전문성을 어떻게 발전시켜나가야 할지도 궁금해요."

"모두 연결되는 질문이고 중요한 질문이네요. 오늘 대화를 어느 질문부터 시작하면 좋을까요?"

그는 제가 적어놓은 질문들을 보면서 생각에 잠깁니다.

"지금 당장 가장 답하고 싶은 질문은 '내 전문성이 무엇일까?'일 것 같아요."

"상희 님의 직업이 될 전문성이 무엇일지는 결국 자신이 정해야 할 거예요. 다만 제 역할은 질문을 던져서 상희 님이 스스로 답을 찾아가도록 돕는 것이죠.

이런 가상의 질문을 던져볼게요. 현재 일하고 있는 회사에서 오늘부로 퇴사를 하게 되었어요. 그리고 회사는 상희 님이 하던 직무를 맡아줄 사람을 계속 필요로 해요. 하지만 어떤 이유에선지 후임자를 뽑지 않고 대신 아웃소싱을 하기로 했어요."

상희의 얼굴이 호기심 반, 나머지는 알 듯 말 듯한 표정으로 변해갑니다.

"그리고 상희 님은 당분간 프리랜서로 일하기로 했다고 가정해보지요. 첫째, 회사는 상희 님에게 연락해서 계약을 제안할까요? 둘째, 만약 계약하자고 한다면 어떤 조건을 제시할 것 같나요?"

"글쎄요, 두 번째 질문은 필요 없을 것 같네요. 왜냐하면 계약하지 않을 것 같거든요."

저는 처음부터 너무 센(?) 질문을 했나 싶었습니다.

"어쩌면 이 질문에 대해 제가 자신 있게 대답할 수 없기 때문에 답을 찾지 못하고 있는 것 아닌가 싶어요. 현재 제가 회사에서 맡고 있는 업무는 홍보와 마케팅이에요. 일을 못한다고 생각하지는 않지만, 회사를 나간 저와 다시 일하자고 할 만큼인지는 솔직히 잘 모르겠어요."

"그렇게 생각하는 이유를 여쭤봐도 될까요?"

"우연히 기회가 주어졌고, 싫지 않아서 일했고, 월급도 괜찮았고, 저로서는 마다할 이유 없이 잘 다녔던 것 같아요. 10년 가까이 저에게 '직업인'이란 마인드는 없었고, '직장인' 마인드로 살아왔죠. 직장에 나가 크게 싫지 않은 일을 하면서 돈도 벌 수 있으니 그렇게 살아왔던 것 같아요.

그러다가 앞으로 40대의 10년도 이렇게 살아서는 안 되겠다는 생각을 2년 전쯤부터 하기 시작했어요. 올해와 내년이 직업적으로 '환승' 해야 할 때라고 느끼고 있거든요. 뭐랄까, 이 일이 결국 내 일, 더 정확히 말하면 나의 직업이 아니라는 느낌을 계속 갖고 일하는 상황 자체에 지친 것 같아요. 결과는 나쁘지 않았지만, 홍보와 마케팅이란 일의 과정을 즐기지는 않은 것 같네요."

"혹시나 해서 한번 질문해볼게요. 그래도 15년 가까이 그 분야에서 일해온 것인데, 모든 과정을 다 즐기지 않은 것은 아니겠지요? 그래도 과정을 즐겼던 때가 있었다면 언제였을까요?"

"인사부와 함께 일할 때였어요."

"인사부?"

"네. 전 직장에서도 그렇고, 지금도 그렇고 인사부의 인재개발 담당자와 함께 내부 교육 프로그램을 만들 때 그 과정이 정말 즐거웠고, 결과도 좋았어요. 농담이었겠지만 인사부에서 일할 생각 없느냐는 말을 듣기도 했었고요. 다만, 정확히 말하면 인사 업무를 즐겼다기보다는 트레이닝 프로그램을 만들고, 내부 커뮤니케이션 변화 계획을 세울 때가 재미있었어요."

"다행이네요. 과정도 즐기고 결과도 좋았던 경험들이 자주는 아니더라도 어쨌든 두 회사 모두에서 있었고, 서로 다른 환경에서도 그런 일을 즐기고 잘했다는 것은 분명 상희 님의 잠재적 직업 후보군이 될 수 있다는 이야기니까요. 그럼 만약 상희 님이 조금 전에 말한 일을 직업으로 삼아서 매일 하는 상황은 상희 님이 원하는 걸까요?"

"다시 원점으로 돌아가는 이야기일 수도 있는데, 당연히 지금까지 해온 일보다 더 원하는 것은 맞아요. 확실해요. 하지만 이것이 진짜 나의 전문적 직업일까 하는 질문에 대해서는 생각과 고민이 더 필요할 것 같아요."

"그런 고민을 해본 적이 있나요?"

"지난 2년 동안 몇 번이고 했었어요. 하지만 계속 확신이 서지는 않았고, 그러다 보니 현재 하는 일을 그냥 계속하게 되고… 뭐 그렇게 시간이 흘러갔던 것 같아요."

"하나 맘에 걸리는 부분이 있어요."

"그게 뭔데요?"

"지난 2년 동안 상희 님이 자신의 직업적 전문성이 무엇인지 계속 고민을 반복했다는 부분과 앞으로도 생각이 필요할 것 같다고 표현한 부분이에요.

혹시 상희 님이 좋아하고 잘한다고 느꼈던 그 일이 내 전문성이 될 수 있을지를 놓고 작더라도 실험을 해본 적이 있었을까요?"

커리어 환승을
고민하는 당신에게

40대가 되면 어디에서 인생의 '환승'을 해야 할지 생각이 많아집니다. 슬픈 이야기지만 50대는 회사에서 부담스러워하는 나이입니다. 가장 오래 근무한 주된 일자리를 그만둘 당시의 평균 연령이 49세라는 통계도 이런 현상을 보여줍니다.[32] 이런 고민은 주로 앞으로 무엇을 하면서 먹고살아가야 하는가에 대한 것입니다.

먼저 직업적 전문성의 맥락에서 '전문직professional'이라는 말을 잠시 살펴보면 좋겠습니다. 프로라는 말은 돈과 뗄 수 없습니다. 프로가 아마추어와 구분되는 지점, 그리고 직업이 취미와 구분되는 지점에 '돈과 교환할 수 있는' 기술을 가진 상태인지 아닌지가 있습니다.

많은 직장인들이 연봉을 받고 있는 상태를 돈과 교환할 수 있는 기술을 가진 상태로 오해하고 있습니다. 진정한 프로는 조직에 소속된 상태에서만 돈을 벌 수 있는 사람이 아닙니다. 조직 소속 여부를 떠나 돈과 교환할 수 있는 기술을 가졌느냐가 중요합니다. 상희에게 첫 질문으로 조직을 떠나더라도 내가 가진 기술을 다른 사람들이 사겠는지, 그들은 과연 나의 기술에 얼마를 지불할 것인지를 물은 것도 그래서였습니다.

그렇다면 조직 소속 여부와 상관없이 내가 '팔 수 있는' 즉 '돈과 교환할 수 있는' 기술이란 어떤 것일까요? 팔 수 있으려면 '헬프help' 라는 단어를 기억해야 합니다. 즉, 내가 가진 기술을 팔려면 다른 사람에게 도움이 될 수 있어야 합니다.

예를 들어 저는 내일 보다 원활한 배관 시스템을 위해 배관 전문가에게 돈을 주고 도움을 받을 예정입니다. 저에게 도움이 되는 기술을 그가 가졌기에 도움을 요청했고, 제가 가진 문제를 그가 해결해주는 것에 대한 대가로 저는 그에게 돈을 지불합니다.

내가 누군가에게 도움이 될 수 있다는 것은 돈을 버는 것뿐 아니라 삶의 의미와도 연결이 됩니다. 일을 통해서 우리가 삶의 의미를 느끼는 중요한 순간은 자신이 남에게 가치 있는 도움을 줄 수 있다는 것을 알 때입니다.

국내 대기업에서 커리어를 쌓기 시작하여 세계 10대 바이오 제약사인 MSD 아태지역본부에서 항암제 사업부를 총괄하는 김성필[33] 은 상사와 회사를 투자자라고 생각하면서 일해왔다고 말한 적이 있

Q9. 과정도 즐겁고 결과도 만족했던 경험은 무엇이었나요?

습니다. 그는 상사는 물론 함께 일하는 다른 부서장, 아태지역의 각 나라 대표나 임원들을 투자자로 바라보면서 어떻게 자신이 주도하는 프로젝트에 투자하게 할 것인지에 대해 자주 고민한다고 하더군요.

그렇기 때문에 상사가 자신의 제안이나 아이디어를 거절할 때면 '내가 투자자들에게 내 의도를 잘 설명하지 못해 이들이 이해를 못 했구나' 혹은 '더 좋은 투자 방안이 있는 것을 나와 함께 일하는 투자자들이 아직 모를 수도 있겠다'라고 생각하면서 실망에 그치지 않고 새로운 방법을 찾기 위해 계속 노력한다고 합니다.

그는 회사로부터 단지 월급만을 받는다고 생각하지 않습니다. 그는 상사나 타 부서를 설득하고 나면, 그들이 투자자로서 자신의 아이디어에 투자한 것이기에 그 투자 가치를 보여주겠다는 마음으로 일하면서 더 동기부여되고 즐겁게 일할 수 있었다고 합니다.

그의 이런 시각은 저에게도 좋은 영향을 끼쳤습니다. 코치이자 퍼실리테이터로서 제가 함께 일하는 고객은 물론이고, 이 책을 읽고 계시는 독자 여러분, 북클럽 트레바리에서 함께하는 참여자분들, 제가 준비한 전시회를 보기 위해 갤러리를 찾아주는 방문객들을 '투자자'라는 새로운 렌즈로 보게 된 것입니다. '나에게 시간과 돈과 에너지를 투자한 그들에게 나는 어떤 도움이나 가치를 전달하여 서로 윈윈win-win하는 관계를 지속할 수 있을까?'라는 보다 능동적인 해석을 할 수 있게 된 것이지요.

또 하나는 내가 그 과정을 즐기는가의 여부입니다. 어떤 사람들은 일에서 무슨 재미까지 따지냐고 묻습니다. 현실을 무시한 기준이 아니냐고 묻습니다. 직장을 다니며 일의 재미를 느끼는 것을 예외적인 현상이라 여기는 분들이 적지 않을 수 있겠습니다.

많은 분들이 고달프면서도 생계를 유지하기 위해 직장 생활을 했고, 직장은 직원을 평생 보호해주던 때가 있었습니다. 아시겠지만, 지금은 직장이 나를 보호해줄 의무도 능력도 갖고 있지 않습니다. 직업인으로서 생계를 유지하려면 일의 과정을 즐겨야만 가능합니다. 왜냐하면 기업이 연구·개발에 투자하듯이 개인의 직업도 지속적으로 연구하고 발전시켜나가야만 자기 분야에서 생존할 수 있기 때문입니다.

결과가 아무리 좋아도 과정을 즐기지 못한다면 개인이 자신의 직업을 꾸준히 연구하고 개발한다는 것이 현실적으로 불가능합니다. 재미를 느껴야 당장 필요하지 않더라도 새로운 정보와 통찰 등을 받아들여 지속적으로 자신의 직업을 발전시켜나갈 수 있기 때문입니다.

환승역을 목전에 둔 직장인이 꼭 물어야 할 6가지 질문

부산에서 위스키 바 '각바'를 운영하는 박성환 대표 역시 40대에 비슷한 고민을 했습니다.[34] 식품공학을 전공한 후 기업에서 아이스크림 개발 일을 했던 그는 퇴사 후 패션과 화장품 분야에서 사업을 했습니다. 그러나 자신이 좋아했던 식음료 분야로 돌아갈 결심을 하고 40대 중반에 부산 남천동 주택가에 10명이 채 들어가지 않는 작은 규모의 위스키 바를 열었습니다. 더 비싼 술을 더 많은 사람에게 판매할 수 있겠지만, 그는 자신이 원하는 '선'이 명확했습니다.

저는 《직장인에서 직업인으로》에서 알파벳 E로 시작하는 6개 단어를 중심으로 이력을 정리해보라고 추천한 적이 있습니다. 오늘은 '환승역'을 앞에 두고 고민하는 직장인에게 이를 질문의 형태로 제시해보고자 합니다.

첫째, "나는 그동안 어떤 프로젝트들을 **경험**experience했는가?" 직장과 직책의 나열이 아닌 자신이 했던 의미 있는 경험을 적어보세요. 박 대표의 경우에는 직장과 사업을 통해 식품 분야 및 소비자들에 대해 고민을 하는 경험을 쌓아왔습니다. '잘하는 일'은 결과가 좋았던 일이고 '좋아하는 일'은 과정을 즐겼던 일입니다. 이를 표시하며 적어보세요.

둘째, "그 경험으로부터 쌓인 나만의 **전문성**expertise은 무엇인가?" 박 대표에게 바를 운영하며 가장 중요하게 생각하는 전문성이 무엇인지를 물었을 때, 그는 제품 자체에 대한 전문성도 중요하지만 고객과의 소통을 더 중요한 전문성으로 꼽았습니다. 커뮤니케이션을 직업으로 하고 있는 제가 여러 번 가본 경험으로 볼 때 그는 고객과 대화할 때와 하지 말아야 할 때를 잘 알고, 대화의 선을 지키는 데에 있어 매우 섬세하다는 인상을 받았습니다.

셋째, "나의 전문성을 입증할 수 있는 **증거**evidence는 무엇인가?" 그는 과거 실적에 머물지 않고 부산 지역 위스키 전문가들과 협업하여 좋은 제품을 소개하는 프로젝트를 하고 있었고, 고객이 불편하지 않도록 서비스나 소통 등에서 세심한 배려를 보여주고 있었습니다. 각바를 방문해본 '팬'들이 소셜 미디어에서 보여주는 지지와 애정은 충분한 증거가 되고 있습니다.

넷째, "나의 전문성을 지속적으로 키워나가기 위해 나는 어떤 **노력**efforts을 해오고 있고, 앞으로 해야 할까?" 그는 전공인 식품공학 분야의 다양한 경험과 지식을 활용하여 학교에서 강의도 하고, 새로운 제품과 정보를 찾아 출장을 다니며 주력 상품인 위스키에 대한 공부도 게을리하지 않았습니다.

다섯째, "나의 전문성을 공개적으로 추천해줄 **사람**endorser은 누구일까?" 제가 두 번에 걸쳐 박 대표를 만나 이야기를 나누게 된 것은 많은 사람들의 추천이 있었기 때문이었습니다. 심지어 경쟁 관계에 있는 다른 위스키 바에서도 그곳에 가보라고 추천해주었습니다. 생각해봅시다. 나와 함께 일했던 사람들은 이후에도 다시 나와 일하고 싶을까요? 나와 일해보라고 추천해줄까요?

마지막으로 "나의 전문성은 돈과 **교환**exchange할 수 있는 것인가?" 40대 이후 자기만의 전문성은 사람들이 돈을 지불할 수 있는 것이어야 합니다. 고객들은 박 대표의 제품 추천과 서비스, 그리고 그의 공간만이 제공하는 분위기에 돈을 지불하고 있었습니다.

박 대표는 어려웠던 코로나를 잘 버텼습니다. 만약 그가 욕심

내어 큰 규모의 사업을 했다면 지금 어땠을지 모릅니다. 그는 남과 비교하기보다 자신이 원하는 일을 자신이 원하는 만큼 하면서 50대의 삶을 보내고 있었습니다.

그는 40대 중반에 시작한 위스키 바를 지금 모습 그대로 20년 동안 유지할 생각이고, 이후에는 좀 더 확장하거나 다른 형태로 발전시켜나갈 예정입니다. 자신이 좋아하는 단골손님들과 함께 나이 들어가면서 80대까지 일을 하고 싶어 하는 그의 소망이 꼭 이루어지길 바랍니다. 행운을 빕니다.

자신의 직업적 전문성을 고민하는 분이라면 다음 3가지 질문에 답해보시기 바랍니다.

✓ **교환**exchange

내가 가진 혹은 앞으로 갖고자 하는 기술 중에서 돈과 교환할 수 있는 것은 무엇일까? (다른 사람들이 자신의 돈을 투자할 만한 내가 가진 기술은 무엇일지 생각해보기 바랍니다.)

_____

_____

_____

_____

_____

✓ **결과**result

나의 기술이 제공하는 도움이 다른 사람에게 보다 가치 있고 만족할 만한 결과를 만들어주기 위해 나는 어떤 노력을 해야 할까? (나의 도움이 다른 사람에게 더 나은 결과라는 가치로 연결되어야 돈과 교환할 수 있기 때문입니다.)

_____

_____

_____

_____

_____

✅ **과정**process

과정에서 (비록 힘들었더라도) 재미나 보람을 느꼈던
경험들은 무엇이었는가? (과정을 즐겨야 자신의 기술을 지속적으로 개
선하는 노력, 즉 연구·개발을 해나갈 수 있기 때문입니다.)

_____

_____

_____

_____

아직 이 질문들이 부담스럽다면...

직업적인 전문성을 찾기 위한 질문이 아직은 막막하게 다가올 수도 있습
니다. 그렇다면 잠시 직업이나 전문성은 제쳐두고, 아래 표에 올해부터 지
난 10년간 나의 개인의 역사를 돌아보는 연표를 작성해봅시다.내 삶의 역
사에서 4가지 측면을 돌아보면서 기억나는 사건이나 경험을 적어보면 됩
니다. 긍정적인 사건이나 경험 혹은 그렇지 않았던 것도 모두 좋습니다.

1) 일work: 일하면서 성장했다고 느꼈던(혹은 그렇지 않았던) 순간들

2) 관계relationship: 타인과의 관계 속에서 나의 세계가 확장되었다고(혹은 그렇지 않다고) 느꼈던 순간들

3) 삶life: 결혼/연애 여부와 상관없이 솔로로서 자기 욕망을 용기내어 활동으로 시도해보았던(혹은 생각만하고 시도하지 않았던) 순간들

4) 돈money: 돈을 벌거나, 쓰거나, 저축/투자 등으로 지켜냈던(혹은 잃었던) 순간들

내 삶의 연표

측면 연도	일	관계	삶	돈
20__				
20__				
20__				
20__				
20__				
20__				
20__				
20__				
20__				

Q9. 과정도 즐겁고 결과도 만족했던 경험은 무엇이었나요?

다음으로 이 연표를 보면서 내 삶의 만족도 그래프를 4가지 키워드별로 하나씩 그려보세요.

1) 일: 일에서 나의 성장을 발견하고 만족하는 정도
2) 관계: 나의 세계를 확장시키는 관계를 유지하는 것에서 오는 만족도
3) 삶: 나 혼자만의 시간 사용에 대한 만족도
4) 돈: 수입 자체의 높고 낮음보다는 내가 돈과 맺고 있는 관계에 만족하는 정도

예시(돈과 맺는 관계의 만족도를 평가할 때 적용할 수 있는 기준의 예)

수입과 지출 비율

- 현재 돈을 버는 정도(rich)

- 현재 돈을 소비하는 정도(필요/욕구)

- 미래를 위해 당장 소비하지 않고 저축이나 투자하는 정도(wealth)

수입 구조

- 액티브 인컴(월급과 같은 근로소득)

- 패시브 인컴(부동산 임대 수익, 책이나 번역 인세 등)

- 포트폴리오(주식투자 배당, 이자 소득)

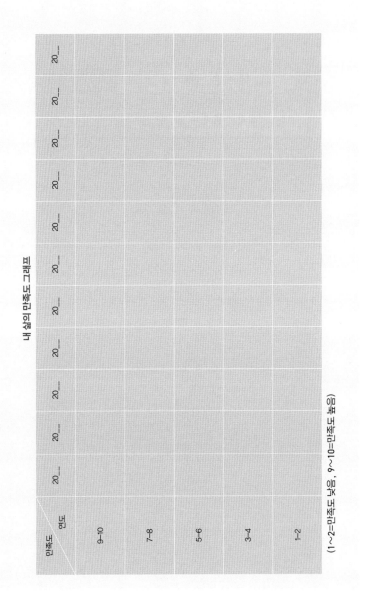

내 삶의 만족도 그래프

만족도 연도	20__	20__	20__	20__	20__	20__	20__	20__	20__	20__
9~10										
7~8										
5~6										
3~4										
1~2										

(1~2=만족도 낮음, 9~10=만족도 높음)

Q9. 과정도 즐겁고 결과도 만족했던 경험은 무엇이었나요?

혹시, 매번 같은 고민을
반복하고 사나요?

다음 날 상희와 대화를 이어갔습니다.

"코치님, 어제 대화에서 저에게 남은 것은 2가지였어요. 하나는 저의 주 업무인 홍보와 마케팅보다는 인사부와 협업해 내부 트레이닝 및 커뮤니케이션 프로그램의 기획과 실행의 과정을 즐겼고 결과도 좋았다는 것, 그래서 직업의 후보군이 될 수 있다는 것, 동시에 그 분야에서 어떤 구체적 실험을 하지는 않았다는 것."

"좋습니다. 오늘은 어디에서부터 이야기를 이어가고 싶어요? 혹은 어떤 질문을 놓고 이야기를 하고 싶어요?"

"어제 대화를 하고 나서 직장인에서 직업인으로 환승을 생각하는 시점에 고민만 하지 말고 내 나름대로 실험을 해봐야 하지 않을까 하는 생각이 들었어요. 그래서 오늘의 질문은 내 직업을 찾기 위해 나는 과연 어떤 실험을 할 수 있을까 하는 것이에요."

"맞아요. 아무리 고민해봐도 자신의 직업이 무엇이 될 수 있을지 잘 모르겠다고 하는 사람들에게 제가 해주고 싶은 말이 고민만 하지 말고 실험을 해보라는 거예요. 직업은 찾는 것 이상으로 만들어가는 것이 중요하거든요. 상희 님이 홍보와 마케팅 일의 과정을 즐기지 않는다는 것을 어떻게 알 수 있었을까요?"

"회사에서 해보면서 느꼈어요."

"만약 직접 해보지 않고 고민만 했다면 그 분야가 내가 원하는 직업 분야가 아니라는 것을 알 수 있었을까요? 반면 인사부와 협업할 때 과정 도 재미있고, 결과도 좋았다는 것을 고민만 했다면 알 수 있었을까요?"

"좋아하지 않는 것도 좋아하는 것도 실제 경험해봐야 알수 있는 거 네요."

"직장도 마찬가지지요. 고민만 해서는 그 직장이 정말 나와 맞는지 아닌지 알 수 없어요. 들어가봐야 비로소 알 수 있게 되지요."

"하지만 그렇다고 모든 직업을 경험할 수는 없지 않을까요?"

"당연히 모든 것을 경험할 수는 없어요. 그러라는 말도 아니고요."

"그럼, 제가 무엇을 해야 하는 걸까요?"

"상희 님은 이전 직장과 현재 직장에서 인사부와 프로젝트를 여러 개 하면서 나름의 가설을 갖게 된 거예요."

"가설이요?"

"사내 트레이닝이나 변화 관리 커뮤니케이션 등의 일의 과정을 좋 아하고 결과도 나름 좋았다는, 그래서 어쩌면 내 직업이 될 수도 있지 않 을까 하고 생각하게 된 것이 상희 님 나름의 가설을 세운 것이라고 볼 수 있지요."

그는 무슨 뜻인지 알겠다는 듯 고개를 끄덕였습니다.

"이제는 가설을 증명하기 위한 실험을 해봐야 해요."

"실험이요?"

"예를 들어볼게요. 상희 님이 프로젝트 경험에서 얻은 나름의 지식과 통찰을 글로 정리해보는 거지요. 그 글을 링크드인이나 블로그에 올리거나 PDF 문서로 만들어 다른 사람들에게 보여주는 것은 어떨까요?"

"그건 좀 쑥스러운데요? 제가 그 분야 전문가도 아니고…."

"미술 평론가인 제리 살츠가 이런 이야기를 한 적이 있어요. 나 자신이 되어가는 과정에는 부끄러움이 반드시 동반하기 마련이라고. 단순히 조직에서 주어지는 일이 아니라 자기만의 직업을 찾아가는 과정이 자기답게 되어가는 과정이라고 생각해요. 자신이 좋아하고 잘하는 일을 찾아 나서는 거니까요. 그러니 부끄러움을 느낄 때, 당연한 과정이라고 느끼고 이를 넘어서는 용기를 내길 바라요."

"좋아요. 또 다른 실험의 예에는 무엇이 있을까요?"

"다니고 있는 직장에서 상희 님이 보다 즐기고 잘할 수 있는 프로젝트를 제안해보거나 인사부와 협의하여 새로운 직책을 만드는 것이 가능할지 타진해볼 수도 있겠지요."

"직업을 찾기 위해 꼭 퇴사해야 하는 것은 아닐 수 있겠네요."

"그럼요, 당연하지요. 직장에서 직업을 만들 수 있다면 그게 더 좋겠죠. 퇴직이야 회사에서 밀어내지 않는 한 언제든 할 수 있잖아요. 그 밖에도 관심 있는 분야에서 전문적인 교육을 받아보거나, 사이드 프로젝트로 유사한 일을 해볼 수 있겠지요."

상희는 생각난 것들이 있는지 노트에 무엇인가를 적고 있습니다.

"그런데 여기에서 실험이라고 할 때 그것이 뜻하는 바를 명확히 해야 해요. 만일 프로젝트 경험을 통해 얻는 지식이나 통찰을 일기장에만 적어놓으면 그건 실험이 아니에요."

"무슨 뜻인지 좀 더 설명해주실 수 있을까요?"

"실험은 가설을 검증하기 위한 것이에요. 검증을 한다는 것은 혼자서 무엇인가를 한 것을 다른 사람들에게, 설령 그것이 한두 사람이라 하더라도 보여주는 것이어야 해요. 그래야 상대방의 반응을 보면서 가설을 조금씩 검증해나갈 수 있는 데이터를 얻게 되거든요.

만약 그냥 혼자서 일기장에 정리만 한다면 지난 2년 동안 마음속으로 고민한 것과 큰 차이가 없어요. 우리가 여기에서 말하는 실험이란 무엇인가를 만들어 남들에게 보이고, 공식적으로든 비공식적으로든 그들의 반응이나 평가를 받는 기회를 만드는 것을 말해요."

"남들에게 공개한다는 것이 직업을 찾는 실험에서 그렇게 중요한 의미를 갖는지 몰랐어요."

"더 중요한 것이 하나 있어요."

"그게 뭔데요?"

"실험을 하기 위해서는 시간이 필요해요. 저는 여기에서 구본형 작가가 제시한 기준을 고려했으면 해요. 매일 8퍼센트의 시간이에요."

"매일 8퍼센트의 시간?"

"하루 2시간씩 집중적으로 직업에 대한 실험에 투자하는 거지요."

"매일 2시간이라, 쉽지 않겠는데요?"

"직업을 만들기 위해 작은 실험들을 매일 해나간다는 것은 주식에 조금씩 장기간 투자해 복리의 마법을 실현하는 것과 같아요. 돈은 한꺼번에 많이 투자할 수 있지만, 시간은 그렇지가 않거든요. 꾸준히 투자하지 않고 복리의 마법을 경험할 수 없듯이 직업 실험도 매일 꾸준히 투자하지 않고는 성과를 가져갈 수 없어요. 말이 나온 김에 지금 캘린더를 열어서 다음 한 주 동안 매일 2시간씩을 언제 확보할 수 있는지 미리 찾아보고 아예 일정을 잡아보면 어떨까요?"

"지금 당장이요?"

"그래요. 지금이 오후 2시니까, 2시 15분까지 캘린더에 표시해보면 좋겠어요."

그렇게 우리는 15분 동안 각자의 시간을 가졌습니다.

"한번 해봤어요?"

"네, 어떤 날은 2시간 연속으로 잡아놓았고, 어떤 날은 아침과 저녁으로 1시간씩 분산해놓았고, 주말에는 시간을 더 낼 수 있을 것 같아서 여유롭게 잡아봤어요."

"이제 꼭 지켰으면 하는 것은 그 시간을 '협상의 대상'으로 삼지 않는 거예요. 자기 자신과의 약속 시간은 다른 사람과의 약속만큼이나 중요한 시간이지요. 다른 사람들이 그 시간대에 시간 있냐고 물어보면 상희 님은 어떻게 답하시겠어요?"

"…"

"그럴 때 '시간 비었어'라고 이야기하면 안 되는 거지요. 자기의 직업을 만들기 위해 투자하려고 잡아놓은 시간을 양보한다는 것은 주식에 투자하려던 돈을 다른 곳에 써버리고 투자를 포기하는 것과 똑같아요."

"그만큼 진지하게 생각해야 한다는 이야기네요."

"세상에서 가장 중요한 사람, 즉 자기 자신과의 약속이니 이것은 양보나 타협의 대상이 아니라고 생각하면 돼요."

회사에 다니면서
자기만의 직업 만들기

직장이 더 이상 직장인을 보호할 수 없는 시대에 우리는 직장을 떠날 경우 어떤 일을 해야 할지 고민하게 됩니다. 그런 맥락에서 직장을 나온 뒤 코치가 되려면 직장에 다니는 동안 무엇을 준비해야 하는지 질문을 받을 때가 있습니다. 이럴 때 저는 무엇보다 이런 상황을 생각해보길 권합니다.

퇴직 후 닭 요리 전문 식당을 하거나 온라인 쇼핑몰을 하려면 지금 무엇을 해야 할까요? 여기저기 다니면서 누구보다 닭 요리를 많이 먹어봐야 하고, 온라인에서 다양한 쇼핑 경험을 해봐야 하겠지요. 사용자 입장에서 경험을 해봐야 어떤 것이 도움이 되고, 되지 않는지를 알 수 있을 겁니다.

제가 코치가 된 중요한 이유 중 하나는 코칭을 받아본 경험이 제게 많은 도움이 되었기 때문입니다. 어느새 20년 경력이 훌쩍 넘었고 기업 CEO나 임원들을 지금도 많이 코칭하고 있지만, 저도 여전히 개인적으로 코칭을 매달 받고 있습니다. 사업은 물론 사적인 성장에도 도움이 되는 경험이 지속되고 있기 때문입니다.

경력이 어느 정도 된 30~40대 직장인들이 미래에 자신이 하고자 하는 새로운 업을 찾을 때, 과거의 경험을 상세하게 돌아보고 적어보라고 하는 것은 바로 이런 점과 관련이 있습니다. 직장에서 한 일뿐 아니라 소비자나 고객의 입장에서 했던 경험 중 자신에게 의미 있게 다가온 것이 있다면 그것이 때로는 새로운 직업이나 사업의 아이디어로 연결될 수 있기 때문이지요.

이처럼 직장에 다니면서도 다양한 경험을 통해 실험하는 사례들을 저는 많이 접했습니다. 몇 가지만 얘기해보겠습니다.[35]

사례 1.

대기업에서 20년 넘게 마케팅 업무를 해온 이준우 씨는 직장인이 겪는 좌절 속에서 공감과 위로가 얼마나 큰 힘을 발휘하는지 직접 경험했습니다. 그는 이러한 경험을 확대하기 위해 코로나 상황에서 온라인 독서 모임을 만들고, 운동 모임에 참여했으며, 종이 위에 반복적인 도형을 그리는 젠탱글이라는 명상과 예술이 만나는 분야를 배워 자격증을 획득했지요.

그를 처음 만났던 해에 그는 아내와 함께 자신만의 개성을 살린 공간을 마련해 새로운 모임과 커리큘럼을 만드느라 들떠 있었습니다. 그는 언젠가 다가올 직장 생활의 끝을 수동적으로 기다리는 것이 아니라 그 이후를 생각하며 하고 싶은 일을 앞서 시도하고 있었습니다.

이후 그는 1년간 공간을 운영하고 문을 닫았지만, 그의 표현에 따르면 '기분 좋게' 정리했습니다. 왜냐하면 1년간의 실험을 통해 자신이 좋아하는 것 중에서 어떤 것이 시장성이나 수익성이 있는지에 대해 나름의 가설을 검증할 수 있었기 때문입니다. 그는 시행착오를 두려워하기보다 배움의 과정으로 받아들이고 있었고, 공간은 정리했지만 새로운 퇴사 스터디 모임을 리드하고 온라인 스토어 런칭을 계획하고 있었습니다. 이처럼 이준우 씨는 실험을 통해 지속적으로 가설을 검증하며 자신의 직업을 만들어가고 있습니다.

사례 2.

인재개발 분야에서 일해온, 직장 생활 13년 차 이윤경 씨는 자신만의 재능이 다른 사람을 돕고자 하는 진정성과 몰입하게 되는 스토리가 아닐까라는 생각을 갖고 다양한 시도를 해오고 있습니다. 그는 낮에는 대학내일 인재성장팀에서 동료들의 성장을 돕는 일을 하고, 밤에는 강점·조직문화 퍼실리테이터 겸 작가로 살고 있다고 스스로를 소개합니다.

Q10. 혹시, 매번 같은 고민을 반복하고 사나요?

강점 퍼실리테이터 자격을 취득해 활동하면서 《무조건 통하는 피드백, 강점 말하기》를 출간하고, '클래스 101' 등에서 온라인 강연을 진행했으며, '폴인', '퍼블리' 등의 플랫폼에서 작가로서 다양한 기사를 써왔습니다. 제가 만났을 때 그는 심리적 안전감에 대한 두 번째 책을 쓰는 실험을 진행 중이었습니다.

사례 3.

대기업과 중소기업, 스타트업 등 다양한 회사에서 커뮤니케이션 업무를 15년째 담당해온 이윤정 씨는 자신이 사람의 마음을 읽고 편안하게 해주는 재능을 갖고 있다고 생각했습니다. 직장에 다니며 상담교육 박사과정을 수료한 그는 심리상담사로 전업을 시도했고, 많은 이들의 고민과 이야기를 들으며 일의 의미와 보람을 동시에 느꼈습니다. 제가 만났을 때 그는 커리어를 더욱 굳건히 하기 위해 논문을 쓰고 상위 자격증 취득을 시도 중이었습니다.

사례 4.

커뮤니케이션, 트레이닝, 마케팅 분야에서 일해온 16년 차 직장인 이승민 씨는 자신의 재능이 콘텐츠 기획 및 트레이닝, 퍼실리테이션이 아닐까 생각했습니다. 지인의 의뢰로 스타트업에서 브랜딩 워크숍을 진행하고, 자신만의 노하우로 프레젠테이션 관련 온라인 교육을 진행하는 실험을 했습니다. 본인이 이 과정들을 즐기고 있다는 것을 알게 되었고, 보람과 성취감을 느꼈지요. 그는 온·오프라인 트레이닝으로 활동 범위를 확장하고 전자책 발행도 준비 중이었습니다.

　이런 실험 다음으로 저는 주식 투자를 생각해보라고 합니다. 주식으로 수익을 얻기 위해서는 미리 투자한 주식이 있어야 합니다. 직업 역시 마찬가지입니다. 가능하다면 직장에 다니는 동안 미리 투자를 해놓아야 합니다. 최소한 직장을 나오기 수년 전부터 말이지요.

　그럼 무슨 투자를 해야 할까요? 시간과 돈입니다! 직장을 다니는 동안 직업을 만들고자 하는 사람들이 어려움을 겪는 이유는 돈보다는 시간입니다. 돈은 한꺼번에 투자할 수 있지만 시간은 한꺼번에 몰아서 투자할 수 없기 때문이죠. 수년에 걸쳐 꾸준히 시간을 투자해서 자신의 직업이 될 기술을 배우고 실험하며 준비해야 합니다.

　제가 권하는 것은 매일 일정 시간을 자기만의 시간으로 미리 잡아놓는 것입니다. 저축이나 투자도 수입의 일정 부분을 꾸준히 하는 것과 남는 돈으로 하는 것은 큰 차이가 있습니다. 직업을 만들기 위한 시간 투자 역시 남는 시간에 하겠다는 것은 별로 신뢰할 만한 계획이 아닙니다.

　직장은 하기 싫은 일을 하면서도 다닐 수 있지만, 직업은 가능하면 시간을 따로 내어 정보도 찾고, 교육도 받아보고 싶을 만큼 관심 있는 분야에서 찾는 것이 좋습니다. 그래야 지속적으로 자신의 기술을 업데이트해나가면서 성장할 수 있기 때문입니다.

그런 의미에서 저는 '자비 출장'을 권합니다. 직장을 떠난 뒤 자기만의 직업으로 발전시키고 싶은 기술에 대한 교육을 회사에서 지원해주는 경우는 잘 없습니다. 더군다나 그것이 회사에서 하고 있는 일과 상관없는 일이라면 더더욱 그렇습니다. 그러니 매달 받는 월급의 일부를 아껴 관심 분야에서 고수들이 하는 교육을 받아보는 거죠. 요즘은 온라인으로도 교육이 잘 되어 있어 큰 비용 쓰지 않고 좋은 교육을 받을 수 있는 기회들이 많습니다. 심지어 저는 목공 기술을 온라인으로 배워보기도 했습니다. 처음에는 가능할까 싶었는데 생각보다 훌륭했습니다.

마지막으로 미래의 직업이 될 기술을 배우는 과정을 자전거 타기처럼 생각해보라고 말하고 싶습니다. 자전거를 능숙하게 타려면 수없이 넘어지는 경험을 해야 하죠. 어느 정도 경력이 있는 사람들에게 실수는 때로 두려움으로 다가옵니다. 부끄럽기 때문입니다. 하지만 실수 없이 배운다는 것은 불가능하죠. 직장에 다니는 동안 수많은 실험을 통해 충분히 실수해봐야 직장을 나와서 독립했을 때 불필요한 실수는 줄이고, 보다 능숙하게 경제생활을 이어갈 수 있습니다.

직장이 더 이상 직장인을 보호할 수 없는 시대에 '직장 사용설명서'라는 것을 만들어야 한다면 저는 이렇게 적을 것입니다. '직장을 다니는 동안 자기만의 직업을 만들 것.'

커리어 피버팅이란 무엇인가[36]

조직이 직장인들에게 안정감을 주던 시대에는 마음에 들지 않는 일이라 하더라도 조직에서 시키는 일을 해왔지만, 조직이 아닌 자신의 전문성이 안정성을 보장해주는 시대에는 자신이 잘할 수 있고 좋아하며, 시장에서 수요가 있는 직업을 찾아 커리어 전환을 시도하게 됩니다. 그러다 보니 커리어 피버팅career pivoting이 활발해지고 중요해집니다.

커리어 피버팅의 구체적인 정의를 살펴보자면, 피벗pivot은 축을 중심으로 방향을 회전시킨다는 뜻입니다. 스타트업에서 비즈니스 모델 가설을 세우고 나면, 이에 맞추어 최소 실행 가능 제품minimum viable product을 만들어 가설을 검증하기 위한 시장성 실험을 한 뒤 피드백에 따라 비즈니스 모델을 어떻게 바꿀지, 제품에서는 어떤 부분을 유지하고, 변화(피벗)시킬지 결정하게 되는데요.[37]

세계경제포럼에서 일자리에 대해 논의하면서 피벗이라는 용어를 종종 사용하는데(job pivot, career pivot), '커리어 피벗'을 정의할 때 핵심은 바꾸는 것의 대상이 '직장'이 아닌 '직업'이라는 점입니다. 그중에서도 커리어 피버팅은 이전에 갖고 있던 경험을 일정 부분 살려서 직업을 바꾸는 경우를 말합니다.

예를 들어 병원에서 환자를 보던 의사가 의학이라는 전문 분야의 '축'은 그대로 유지하면서 언론사로 옮겨 의학 전문 기자가 되거나 제약회사로 옮겨 신약 개발 등을 담당하는 경우입니다. 같은 직장에서 업무를 바꾸는 것도 피버팅에 해당합니다. 마케팅 부서에서 소비자 대상 인센티브를 디자인하던 전문가가 인사부로 옮겨 직원 대상 인센티브 업무를 새로운 시각에서 접근하는 시도가 이에 해당합니다.

커리어 피버팅은 의도적이어야 합니다.[38] 회사에서 본인이 원하지 않는데 다른 부서로 발령이 난 경우 이는 커리어 피버팅으로 보지 않습니다. 하지만 본인이 새로운 분야에 도전하고 싶어 새로운 부서에 지원하거나 발령 제안을 받아들이게 되면 이는 커리어 피버팅으로 볼 수 있죠.

왜 커리어 피버팅이 중요해질까요? 과거 직장인들이 자신이 좋아하지도 않는 일을 하면서 직장을 충실하게 다녔던 것은 직장이 자신의 재정적 어려움을 상당 기간 동안 해결해줄 거라는 믿음이 있었기 때문입니다. 하지만 그런 기대는 점차 사라지고 있습니다. 특히 젊은 세대는 이런 현실을 더욱 빨리 받아들이고 있습니다.

지금 다니고 있는 직장이 미래의 재정적 안정을 가져다주지 못한다면 직장인들의 입장에서는 최소한 의미를 충족시켜줄 수 있는 방향으로 움직이게 됩니다. 즉 돈을 주거나 의미를 주거나 혹은 2가지 모두를 주거나죠. 직장에 오래 의존할 수 없다는 것을 알게 되면서 직장인 혹은 직장인이 되려는 입장에서는 3가지 전략을 고려하게 됩니다.[39]

첫째, 연봉이 높지 않더라도 안정적으로 오래 돈을 벌 수 있는 전략. 대표적으로 공무원을 들 수 있습니다.

둘째, 전문적 직업 교육을 받고 시험을 거쳐 새로운 직업을 갖는 것. 의학전문대학원이나 로스쿨 등을 통해 의사, 변호사가 되는 것이 여기에 해당합니다.

셋째, 새로운 형태의 커리어 경로 개발 전략입니다. 전통적 커리어 개발은 흔히 '커리어 사다리'를 타고 올라가는 방식입니다. 예를 들어 영업 사원으로 시작하여 영업 담당 임원이 되기 위해 노력하는 유형입니다. 전통적 커리어 사다리는 주식 투자로 말하면 '한 바구니에 계란을 다 담는' 것입니다. 당연히 정해진 분야에서 임원으로 승진하는 비율은 전체의 10퍼센트가 채 되지 않습니다. 그러다 보니 조직에서 정해준 커리어 사다리를 올라가기보다 다양한 경험을 통해 주도적으로 자기만의 커리어를 만들어가는 경우가 생겨나게 됩니다.

기업에서 직장인으로 일하다 공무원 시험을 보거나(전략 1), 로스쿨에 입학하는 것(전략 2)은 모두 커리어를 바꾼 예이지만, 엄밀한 뜻에서 커리어 피버팅이라 보기 힘듭니다. 피버팅은 스타트업에서 초기 비즈니스 모델의 일정 부분을 유지한 상태에서 일부 요소를 바꿔나가는 것을 의미하는데, 초기에 세운 비즈니스 모델을 완전히 버리는perish 것과는 구분됩니다.[40]

즉, 앞의 2가지 전략은 다니던 직장과 직업을 '때려치우고' 새로운 길을 간다는 점에서 피버팅이라기보다는 커리어 변화로 보는 것이 맞습니다. 모든 피버팅은 커리어 변화지만, 모든 커리어 변화가 피버팅은 아닌 것이죠. 농구에서 피벗이 한 발을 축으로 방향 전환하는 것을 의미하듯 커리어 피버팅에서도 중심축을 유지하면서 방향 전환을 시도합니다.

커리어 피버팅의 3가지 방식

세 번째 전략에 해당하는 커리어 피버팅의 3가지 방식을 살펴보겠습니다. 여기에서 기준은 피버팅에 따르는 위험부담을 어느 정도 감수하는지입니다.

첫 번째 고위험 커리어 피버팅. 제가 이 글을 쓰고 있던 2023년 9월 반가운 뉴스가 떴습니다. 2020년 11월부터 세계적인 제약사 중 하나인 MSD 대만의 대표를 성공적으로 역임한 최재연 대표가 10월부터 또 다른 대형 글로벌 제약사인 길리어드사이언스 코리아의 대표를 맡아 한국으로 온다는 소식이었습니다.

최재연 대표는 독특한 커리어 피버팅을 반복적으로 시도해왔습니다. 이전 직장인 글로벌 제약사 릴리에서 그는 인사 담당 임원, 중국 지사 영업을 거쳐 마케팅 임원을 지냈습니다.

2017년 그는 직장과 직업을 동시에 전환하는 모험을 하게 됩니다. 릴리에서 MSD로 이직하면서 대외 협력 업무를 담당하는 임원으로 오게 된 것이죠. 당시 최 대표 주변에서는 너무 위험도가 크다고 만류하는 사람이 많았다고 합니다. 최재연 대표는 저와의 인터뷰에서 커리어를 '고위험 고수익' 구조로 본다고 했습니다.

앞서 커리어 피버팅에서는 중심축이 있어야 한다고 했는데 최 대표의 '축'은 무엇이었을까요? 그에게는 경영자$^{general\ manager}$로 성장하고 싶은 열정이 있었고, 따라서 인사나 대외 협력 업무로의 방향 전환을 제안받았을 때 '커리어 사다리'를 통해 한 방향으로 올라가기보다는 '커리어 정글짐'의 옆과 위로 움직이면서 넓이와 깊이를 추구하는 새로운 패러다임을 밟아왔습니다.[41]

최 대표는 커리어에서 방향 전환을 할 때는 위험을 감수하되, 자신의 열정이 있는 분야로 피버팅하는 것이 좋다고 강조했습니다. 다양한 경험을 하는 것이 좋다고 해서 열정이 없는 분야로 전환하는 것은 의미도 없고, 실패 위험도 더 커진다는 뜻입니다. 그는 인사 분야 경험을 통해 조직개발 전반과 직원들과 어려운 대화를 어떻게 해야 하는지를 배웠고, 대외 협력 업무를 통해 고객뿐 아니라 다양한 이해관계자와의 역할과 역학을 보다 잘 이해할 수 있었죠. 이는 최 대표의 커리어 개발에 독특하면서도 중요한 디딤돌이 되었습니다.

두 번째는 중간 위험도를 가진 전략으로 꼬리에 꼬리를 무는 전략입니다. 30대 중반의 조희연 씨는 학교 졸업 후 비서로 일을 시작했지만 평소 관심을 갖고 있던 홍보 분야의 일을 하고 싶어 홍보 회사로 이직했습니다. 몇 년 후 기업 내부를 경험해보고 싶다는 욕망이 생겨 글로벌 기업의 홍보팀으로 이직합니다.

이곳에서 비영리기구와 협업하여 기업의 사회적 책임에 관한 프로젝트를 진행하다가 '지속 가능성sustainability'과 '사회적 임팩트 social impact'라는 새로운 분야에 관심을 갖게 되었습니다. 이 분야를 보다 집중적으로 경험해보고 싶어 비영리기구로 옮겨 2년을 일합니다. 당연히 사기업에 비해 연봉이나 복지 수준이 떨어질 수밖에 없는 어느 정도의 위험을 감수했지만, 새로운 분야로 진출하기 위한 경험을 쌓는 것이 더 큰 목적이었습니다. 이러한 경력을 바탕으로 그는 최근 바이오 벤처기업의 지속 가능성 매니저로 성공적인 커리어 피버팅을 했습니다.

조희연 매니저는 회사에서 정해주는 업무를 수동적으로 받아들이는 것이 아니라, 그 안에서 지속적으로 '내가 정말 원하는 것이 무엇인가?'라는 물음을 스스로 던지면서 이전 직장에서 하던 경험을 살려서 조금씩 방향전환을 시도하여 꼬리에 꼬리를 물면서 홍보 담당 직원에서 소셜 임팩트를 전문으로 하는 지속 가능성 매니저로 성장해갔습니다. 이 글을 쓰고 있던 2023년 9월 그는 마케팅 커뮤니케이션 리더 역할을 맡고 있었습니다.

세 번째는 엄밀한 의미에서 그 자체로 커리어 피버팅이라 보기 힘들지만 향후 피버팅을 하려는 많은 사람들이 그 과정에서 시도할 것이기 때문에 여기에 포함시켰습니다. 이는 최소한의 위험부담을 가지고 피버팅 전 단계에 시도하는 것으로 최근 많이 언급되는 N잡러, 사이드잡, 부캐 등[42]과 관련된 사이드 프로젝트 방식입니다.《나의 첫 사이드 프로젝트》저자인 최재원 라이프쉐어 대표는 지금 하고 있는 일을 그만두지 않고 동시에 그동안 해보고 싶었던 일들을 경험하는 것을 사이드 프로젝트라고 정의합니다. 즉 단순히 수입을 늘리기 위한 부업이라기보다는 회사 업무와는 별도로 자신이 좋아하는 일을 하는 것을 의미합니다.

백영선 플라잉웨일 대표는 카카오에서 일하면서 자신에게 주어진 정규직 자리를 포기하고 계약직으로 주 3일을 근무하며 사이드 프로젝트를 매주 이틀씩 시도했습니다. 이러한 실험을 통해 자신감을 얻은 그는 퇴사한 뒤 월요일부터 금요일까지 각기 다른 사이드 프로젝트를 본업으로 하면서 새로운 형태의 직장인의 모습을 보여주고 있습니다.[43]

사이드 프로젝트는 본업이라는 축을 유지하면서 다양한 시도를 해볼 수 있다는 점에서 위험부담은 가장 낮습니다. 저녁 회식 등 직장에서 보내는 시간이 줄어들고, 직장을 벗어나 자신이 좋아하는 활동을 마음껏 할 수 있는 트레바리나 프립 등과 같은 소셜 커뮤니티의 확산으로 이러한 사이드 프로젝트는 앞으로도 늘어날 것이며, 성공적인 커리어 피버팅으로 연결되는 사례도 더 나오게 될 것입니다.

커리어 피버팅 성공 전략 3가지

커리어 피버팅에 성공하는 사람들은 어떤 사람들일까요? 커리어 피버팅을 성공적으로 하는 사람들은 어떤 특징을 갖고 있을까요? 직장과의 관계, 위험감수에 대한 태도, 직업에 대한 시선 등 3가지 측면에서 살펴보겠습니다.

첫째, 이들은 직장과 자신의 관계를 수직적으로 보지 않습니다. 그보다는 교환 관계로 봅니다. 직장은 매달 정해진 급여를 주어 경제적 안정을 이루도록 도와주고, 업무 경험과 교육을 받을 수 있는 기회를 제공합니다. 개인은 직장에 자신의 시간과 전문성을 투입해 매출 증대나 신제품 개발과 같은 기여를 합니다. 계약에 의해 서로 가치를 교환하는 수평적인 관계이며, 언제든 교환을 끝내고 방향을 전환할 수 있다고 보는 것이죠. 과거의 조직 충성도와는 거리가 있으며, 공정한 가치 교환 관계를 중요하게 봅니다. 앞서 살펴보았던 건강한 형태의 로열티 컨트랙트를 직장과의 관계에 적용하는 특성이 있습니다.

둘째, 이들은 어떤 새로운 상황으로부터 장벽을 발견하는 것보다는 기회를 보려는 성향이 높습니다. 다른 말로 하면 위험 감수 성향이 일반인들보다 높습니다. 세계적인 조직 및 리더십 진단 기관인 팀매니지먼트시스템즈Team Management Systems는 기업 리더의 기회와 장벽에 대한 태도를 알아보는 진단을 할 때, 5가지 항목을 측정하는데, 그중 하나가 다경로multi-pathways 성향입니다.

즉 목적을 성취하는 과정에서 장벽에 부딪혔을 때 과거에 하던 대로 하기보다는 다른 길을 찾아보는 성향입니다. 커리어 피버팅에 적극적이고 성공적인 사람들은 다경로 성향이 높을 것이라는 합리적 추정이 가능합니다. 이들은 커리어 목표에 도달하는 자기만의 다양한 경로를 만들어내기 때문이죠.

셋째, 직업을 바라보는 시선에서 의미가 차지하는 비중이 높습니다. 직업을 바라보는 대표적인 시선에는 3가지가 있습니다. 생계 유지를 위해 돈을 버는 수단money maker, 개인의 성공을 만들어내는 수단success maker, 그리고 삶의 의미를 만들어 내는 수단meaning maker. 이를 각각 일자리job, 커리어career, 소명calling이라는 용어에 연결시킬 수 있습니다.

커리어 피버팅은 단순히 더 높은 연봉을 찾아 이직하는 것과는 다릅니다. 이들은 돈과 성공도 중요하게 생각하지만, 때로는 연봉이나 직책을 낮추더라도 자기에게 의미 있는 커리어를 스스로 만들어 가기 위해 익숙하지 않은 길을 가는 위험을 감수합니다.

특히, 고위험의 피버팅을 하는 사람들 중에는 직업을 소명으로 바라보는 사람들이 많은데요. 최재연 대표의 경우에도 그가 말하는 고수익이란 단지 돈을 많이 벌고, 승진하는 것이 아니었습니다. 오히려 이런 방향으로 고수익을 추구했다면 그는 담대한 피버팅을 하기 힘들었을 것입니다. 그는 제약 분야에서 일하면서 환자와 그 가족들에게 미치는 긍정적 영향, 일터에서 의미 있는 도전을 통해 자신이 못 보던 가능성을 발견하고 새로운 기쁨을 누리는 직원들, 그리고 이러한 성과와 성장을 함께 만들어내는 리더십팀과의 팀워크에서 오는 보람을 중요시하고 이를 만들어내는 것이 자신의 소명이라고 여기고 있었습니다.

마지막으로 커리어 피버팅을 고려하는 직장인들이 눈여겨볼 데이터를 제시하며 이 글을 마무리합니다. 세계경제포럼은 2020년, 2025년까지 중요한 15가지 기술을 발표하면서 과거와 달리 새로운 기술에 주목했습니다. 바로 1위인 '분석적 사고와 혁신'에 이어 2위로 꼽힌 '능동적 학습과 학습 전략'이라는 항목입니다.

불확실성이 급격히 높아진 시대에 커리어 피버팅을 하기 위해서는 회사에서 시켜주는 강의만 들어서는 안 됩니다. 자기 자신의 강점과 직업적 욕망에 대한 이해를 바탕으로 스스로 학습하는 능력을 키워야 하는 것이죠. 직장인들이 커리어 개발을 과거와는 다른 새로운 전략으로 접근할 시점이 되었고, 커리어 피버팅은 그래서 주목받고 있습니다.

독자 여러분께서도 직장이 아닌 나만의 전문적인 직업에 대한 가설을 갖고 계시나요? 그렇다면 고민만 하지 말고 가설 검증을 위한 나만의 실험을 꼭 해보셨으면 합니다.

다음은 여러분께서 직장인에서 직업인으로 환승하기 위한 실험을 할 때 아이디어를 얻을 수 있도록 알파벳 A에서 Z까지 키워드를 정리하고 각각의 코칭 질문을 정리한 내용입니다.

⊘ 커리어 환승을 위한 A~Z 질문 목록

Alone   직업을 만들기 위해 매일 혼자만의 2시간을 확보하려면 어떻게 해야 하는가?

Buying experience   관련 직업 분야의 제품이나 서비스를 구매해보면서 내가 배우는 것은 무엇인가?

Customer/Client   내 기술을 구매할 고객은 누구인가? 첫 번째 단골 고객은 누가 될 수 있을까?

Dream   나의 직업적 꿈은 무엇인가?

Expertise   직장이나 직책이 아닌 전문성으로 나를 어떻게 소개할 것인가?

Embarrassment   부끄럽기 때문에 내가 시도하지 않는 것에는 무엇이 있는가?

Emergent strategy[44]   의도하거나 예상하지 않았지만 우연하게 발견한 나의 직업적 전문성이 있다면?

Future   10년 뒤 나는 직업적으로 너무나 만족스러운 상태를 맞이했다. 어떤 모습이 상상되는가? 그 상태를 만들기 위해 10년 전인 오늘 나는 어떤 변화를 시작했을까?

Grey hair   나이가 들어갈수록 내 전문성 중에서 더 깊어질 수 있는 것은 무엇인가?

Half-time   하프타임(갭이어, 한 달 살기 등)이 필요하다면 나는 그것을 어떻게 확보할 수 있는가?

Investment   나는 현재 나의 시간, 돈, 에너지를 어디에 투자하고 있는가? 그중에서 미래의 직업을 만드는 데 도움이 되는 투자는 무엇인가?

Intention   나의 직업적 의도는 무엇인가? 바쁘게 일하며 10년을 보낸 뒤 과거를 돌아보면서 '나는 그동안 뭘 위해 이렇게 열심히 살았던 거지?'라고 묻기보다, 내가 직업적으로 추구하는 의도는 무엇인지 미리 생각해보고, 매일 그 의도를 생각하면서 사는 것이 어떨까?

Journey   나의 직업적 여정에서 중요한 변곡점은 무엇이었나? 그 변화를 만든 중요한 요인들은 무엇이었나?

Kill   나의 직업을 만들어가기 위해 내가 없애거나 줄여야 할 것은 무엇인가?

Lab   나만의 직업적 실험을 한다면 그 실험실(특정 온라인 플랫폼, 장소, 조직, 프로젝트 등)은 어디가 될까?

Market/Marketing 나의 직업을 판매할 시장은 어디고, 어떻게 마케팅할 것인가?

Money 나는 돈과 어떤 관계를 맺고 싶은가? 내가 돈을 버는 의도는 생계 유지 외에 무엇인가?

Narrative 이 직업을 어떻게 선택하게 되었냐는 질문에 대한 나의 답, 나의 스토리는 무엇인가?

One and Only 나만이 잘할 수 있는 것은 무엇인가?

Progress 앞으로 3개월 동안 나는 어디로 전진해나갈 것인가?

Passive income 시간을 계속해서 쓰지 않더라도 정기적으로 들어오는 수입을 어떻게 만들 수 있을까?

Questions 직업적으로 나에게 중요한 질문(매일 스스로 물어봐야 하는 것)이 있다면 무엇인가?

Routines 매일 내가 통제할 수 있는 시간과 활동을 루틴으로 만들어보자. 어떤 루틴을 갖고 있고, 시도해보고 싶은가?

Recommendation 나의 전문성을 추천해줄 사람은 누구인가?

Sales 남이 만든 조직에 기대지 않고 제일 먼저 팔고 싶은 내 직업적 기술은 무엇인가?

Training 내 직업을 만들고, 진화시켜나가기 위한 나만의 트레이닝 프로그램을 만든다면, 그것은 무엇인가?

Uncomfortable 직업을 만들어나가는 여정에서 나를 불편하게 만드는 것은 무엇인가? 이에 어떻게 대응하고 싶은가?

Value 내 직업으로 인해 고객이 얻는 가치는 무엇인가?

Want 내가 정말로 원하는 것이 무엇인가?

What if 만약 직업인이 되지 않는다면 나는 무엇을 잃는가?

X(Cross) 내가 좋아하는 것을 직업에 연결하여 새로운 상품을 만든다면 그것은 무엇일까?

Yourself 나다운 모습이란 어떤 모습인가?

Zero 월급처럼 정기적 수입이 없을 때 내가 최소 1년 이상 버틸 수 있는 계획은 무엇인가?

아직 이 질문들이 부담스럽다면…

좋아하는 장소에 가서 2시간 동안만 시간을 보내봅시다. 이때 중요한 것은 '멍 때리는' 것인데요. 그러려면 스마트폰을 꺼야 합니다.

만약 2시간 동안 스마트폰을 안 보는 것이 불편하다면 25분간 안 보고, 5분간 보는 것을 4회 반복해보세요. 가만히 있는 것이 지겨워지기 시작하는 순간이 있다면 스스로에게 질문해봅시다.

'만약 실패의 가능성이 없다면, 나는 어떤 시도를 해보고 싶은가?'

Special Tip

나만의 수입
시나리오 만들기

—————————————————❞—

다음은 직장인과 직업인의 수입 시나리오입니다. 이 시나리오들을 보면서 여러분이 원하는, 여러분의 상황에 맞는 시나리오는 무엇일지를 한번 그려보세요.

시나리오 1.

요즘 직장인이 30년 직장 생활하기가 쉽지는 않습니다. 하지만 편의상 어느 직장인이 20대 중반부터 50대 중반까지 직장 생활을 하면서 매년 평균 4,000만 원의 연봉을 받는다고 가정해보겠습니다(국세청의 2022년 시도별 근로소득 신고 현황에 따르면 대한민국 월급 생활자 근로소득 평균은 4,214만 원입니다). 이 경우 총수입은 12억이 됩니다. 하루 8시간씩 주 평균 40시간을 일한다고 가정해보면 연 2,080시간(40시간 ×52주)을 일하는 셈입니다. 이 경우 시급은 19,000원 정도가 됩니다.

시나리오 2.

직업인으로서 자기가 좋아하고 잘하는 일로 먹고살아가면서 일반적인 직장인보다 더 긴 40년간(20대 중반~60대 중반) 일할 수 있다고 가정하되, 평균 연봉은 3,000만 원으로 직장인보다 25퍼센트 적다고 생각해보겠습니다. 여기에서 일하는 시간을 내가 일정 시간 움직이며 돈을 벌 수 있는 시간으로 정의할 때, 주 평균 20시간, 연 1,040시간 일하는 것을 고려하면 시급은 30,000원이 됩니다. 물론 더 많은 시간을 일해야 할 수도 있겠지요.

하지만 자기가 좋아하는 일로 자기만의 기술을 가진 직업인이 될 때 중요한 것은 당장 돈 벌기 위한 시간을 얼마나 줄일 수 있는가입니다. 왜냐하면 그래야 미래에 돈을 벌 수 있는 기술을 계속해서 연구하고 개발해나갈 수 있기 때문입니다. 직업인이 된다는 것은 자신이 일하는 시간에 대한 통제력을 더 키워가는 것을 뜻합니다.

앞서 살펴본 각바의 박성환 대표는 평상시 늦게 일하기도 하지만, 새로운 정보를 습득하고 제품을 확보하기 위해 출장도 자주 다닙니다. 제가 좋아하는 서울 합정역 근처 카페 겸 위스키 바는 독특하게 12시에 열어 8시에 닫습니다. 부산에서 본 어느 식당은 오후 7시에 문을 닫았습니다. 메뉴에 자신감이 있던 이곳은 자신들만의 시간을 확보하기 위해 저녁 7시에 닫기 시작했고, 그러자 손님들이 5시부터 와서 먹고 가곤 했습니다.

시나리오 3.

고 구본형 작가는 21세기에는 자기만의 필살기를 살려 50년 커리어를 만들 수 있어야 한다고 말했습니다. 직업인으로서 20대 중반부터 70대 중반까지 평균 3,000만 원의 연 수입을 벌 수 있다면 총수입이 15억이 됩니다. 시나리오 1에 나오는 직장인보다 많은 액수입니다. 만일 주 평균 15시간 일한다면 연 800시간을 일하게 되고, 이 경우 시급은 37,500원으로 올라가게 됩니다.

여러분의 직업에 따른 자기만의 수입 시나리오는 무엇인가요?

저는 이 책을 쓰고 있는 현재까지 2년째 일주일에 사흘만 제 시간을 써서 고객에게 코칭이나 워크숍 서비스를 팔며 일하고 있습니다. 최대로 잡아도 주당 24시간 일하는 셈이지요. 나머지 시간에는 책을 쓰고, 미래에 제2의 직업이 될 목공 기술을 배우고, 작품을 만들어 전시와 같은 실험을 하는 데 시간을 투자하고 있습니다.

나머지 이틀 동안에도 코칭이나 워크숍 서비스를 판매한다면 당장은 돈을 더 벌 수 있겠지만, 저는 제가 일하고 싶은 고객과 일하고 싶은 프로젝트를 선별해서 일하면서 돈을 벌고자 하는 욕구가 강하고, 목공 기술을 활용하여 다양한 작업을 하는 제2의 직업으로 미래에 돈을 벌고 싶기 때문에 이런 실험을 해오고 있습니다.

그렇게 하여 2023년 말, 드디어 저는 첫 전시를 서울의 한 갤러리에서 하게 되었고, 작품을 70퍼센트 가까이 판매하기도 했습니다. 제가 어떤 삶과 일하는 방식을 원하는지 30대 후반부터 꾸준히 묻고 실험하면서 직업인으로 변화해왔기에 가능한 선택입니다.

이처럼 직장인에서 직업인으로 '환승'한다는 의미는 자신의 시간과 프로젝트, 더 나아가 일하는 장소에 이르기까지 더 넓은 선택권을 스스로 갖는 방향으로 나아간다는 뜻입니다.

6

새로운 역할이 막막하다면
이렇게 물어보세요

당신이 좋아했던 상사는
어떤 사람이었나요?

30대 초반의 소현은 6년 차 직장인으로, 두 번째 직장에서 팀장의 역할을 맡게 되었습니다. 사원, 대리를 거치면서 두 직장에서 일 잘한다는 이야기를 줄곧 들었습니다. 팀장이 된 지 8개월이 되었을 때 저와 만났습니다.

그는 팀장으로 승진했을 때 기쁘기도 했지만 동시에 부담도 컸다고 합니다. 팀원 5명 중 자기보다 나이가 많은 팀원이 1명 있었고, 일을 잘하는 직원은 회의 때 간혹 팀장인 자기를 무시하는 것처럼 느낄 때도 있었습니다. 팀장으로서 성과도 내야 하고, 동시에 팀원들과 관계를 형성하는 것이 마음처럼 쉽지는 않았습니다. 어떨 때는 차라리 팀원 때가 마음이 편했다고 생각하지만, 그렇다고 그때로 돌아갈 수 없다는 것도 잘 알고 있습니다.

"소현 팀장님! 늦었지만 다시 한번 새로운 회사에서 팀장이 된 것을 축하해요."

"고마워요. 저도 어느 정도 힘이 들 거란 예상은 했지만 때론 잠이 잘 안 올 정도로 스트레스를 받기도 해요."

"그래요. 스트레스의 대부분은 사람과 사람 사이의 문제 때문에 발생하지요. 팀장님만 그런 것이 아니라 모든 리더들이 스트레스를 받곤 해요. 팀장이든, 임원이든, CEO든 말이에요. 어떤 이야기부터 하는 것이 소현 님에게 가장 도움이 될까요?"

"제가 팀장이 되면서 가장 달라진 환경 중의 하나가 제가 회의를 이 끌어야 한다는 거예요. 면담도 진행해야 하고, 평가도 해야 하고. 그런데 그게 점차 스트레스가 쌓여요."

"구체적으로 어떤 부분이 스트레스가 쌓이는 걸까요?"

"팀원들과 거리감이 많이 느껴져요. 팀장인 저를 무시한다는 생각 이 들 때가 자주 있어요."

"언제 그렇게 느껴지는지 구체적 상황을 말해줄 수 있어요?"

"뭐랄까, 2가지가 서로 연결되는 것 같아요. 개선점에 대해 피드백 을 줬을 때 팀원들이 잘 받아들이는 것 같지 않아요. 그런데 심지어 칭찬 을 해도 별로 안 좋아하는 것 같아요. 제 말이 팀원들에게 잘 받아들여지 지 않는다고 할까? 그러다 보니 팀원들에게 말하는 것이 조심스러워지 고, 피드백이든 칭찬이든 주저하게 되는 부분이 많아요. 점점 더 거리감 이 느껴지고요."

"그렇군요. 모든 직원하고 그렇게 느껴요? 아니면 특정 팀원이 있 나요?"

"정도의 차이는 좀 있지만, 문제는 제가 가장 거리감을 느끼고 소통 하기 어려운 사람이 우리 팀에서 에이스라고 불리는 직원이에요."

"그 직원과 구체적으로 어떤 일이 있었는지 말해줄 수 있을까요?"

"나름 똑똑하고 자기에게 맡겨진 일을 하는 능력은 뛰어난데, 좀 '싸가지'가 없어요."

"어떨 때 그 직원이 싸가지가 없다고 느끼셨어요?"

"전체 팀 회의 때 그 직원이 버릇처럼 하는 이야기가 '그건 그게 아니고요'라는 말이에요. 그것도 다른 사람의 이야기를 끊어가면서요. 솔직히 말하면 일부 직원들이 의견을 이야기할 때 나도 속으로 그렇게 생각할 때가 있어요. 하지만 문제는 그렇게 회의에서 남의 이야기를 끊고, 면박을 주다 보니 다른 직원들과 점차 거리가 생겨서 서로 협력도 잘 안 하려고 해요."

"그럼, 팀원들 사이에 거리가 생긴다는 걸까요? 저는 처음에 소현 팀장님과 팀원 사이에 거리가 생긴다는 말로 이해했어요."

"팀원들끼리도 그렇고, 저와 팀원들 사이에도 거리가 생기고 있어요."

"왜 그렇게 느끼는 걸까요?"

"제가 리더로서 적절하게 개입을 했어야 했는데 그러지 못한 것 같아요. 그러다 보니 팀원들에게 신뢰를 잃은 것은 아닐까 싶어요. 저는 오히려 팀원일 때는 사람들과 잘 지내고, 일도 잘해서 팀장까지 되었는데, 요즘은 자신감이 많이 없어요. 내가 리더로서 자질이 있는가? 뭐 이런 생각도 들고. 나름 리더십 책도 읽어봤지만, 어떤 책은 카리스마가 있어야 한다고 하고, 또 어떤 책은 서번트 리더십이 중요하다고 하니 어떤 리더가 되어야 하는지 통 모르겠어요."

"좀 다르게 생각해보면 좋을 것 같아요. 만약 팀원들이 팀장님에게 실망한 부분이 있다 하더라도, 그것보다 팀장님이 스스로에게 신뢰를 잃지 않았으면 해요. 팀원들의 시선보다 우선 팀장님이 리더로서의 자기 자신을 좀 더 따뜻하고 친절하게 바라봐주면 좋을 것 같아요. 팀장님이 스스로를 믿어주는 것이 첫째, 그러고 나서 팀원들과 소현 팀장님 사이의 믿음을 생각해보면 좋겠네요."

그는 아무 말 없이 그냥 듣기만 하고 있었습니다.

"팀장님이 지금까지 직접 경험한 리더 중에서 가장 좋게 느꼈던 사람에 대해 먼저 이야기를 나눠보면 좋을 것 같아요. 생각나는 사람이 있어요? 팀원일 때도 좋고, 현재 상사 중에서도 가능하고요."

"전 직장에서 제 팀장은 차장이었고, 그 위에 이사님이 한 분 있었어요. 당시 저는 신입 사원이었고, 그분은 월간 회의 때 뵙곤 했는데, 저를 포함해 우리 부서의 많은 사람들이 그분과 일하는 것을 좋아했어요. 반년 정도이긴 하지만, 그분이 리드하는 프로젝트에 팀원으로 참여한 적도 있어서 그때는 좀 더 가까이에서 함께 일할 기회도 있었고요."

"비교적 신입 사원일 때 그런 상사와 일할 기회가 있었다는 것은 행운이지요. 팀장님이 왜 그분을 긍정적으로 느꼈는지 예를 들어서 이야기해주실래요?"

"친절하고 다른 사람의 이야기도 잘 들어주는 분이었어요. 심지어 저는 당시 직급이 낮았는데도 말이지요. 하지만 그게 핵심은 아닌 것 같아요."

"더 중요한 게 있었나 보군요."

"그분이 자신보다 높은 분들과 회의할 때는 어땠는지 저는 볼 기회가 없었지만, 적어도 제가 참여한 회의에서는 할 말을 또박또박 하는 분이었고, 모든 지시가 명확했어요. 이사님의 프로젝트에 참여했을 때 회의를 하면 제가 무엇을 어떻게 해야 할지 정확히 알 수 있었어요. 또 신입사원인 저에게도 질문을 하며 의견을 묻곤 했어요."

"제가 듣기에도 정말 훌륭한 상사였던 것 같네요. 그런 말이 있어요. '클리어 이즈 카인드Clear is kind.'[45] 커뮤니케이션할 때 명확한 것이 친절한 것이라는 뜻이죠. 저도 과거에 그랬었지만, 친절하려는 의도를 갖고 애매하게 소통할 때가 있거든요. 특히 누군가 바람직하지 않은 말이나 행동을 했을 때. 근데 조금 전 팀장님이 말한 그 이사분은 단지 나이스한 것뿐 아니라, 명확하게 말하는 분이었다니 그분이 딱 '클리어 이즈 카인드'에 적합한 사례가 되겠다 싶네요."

"맞아요. 어떤 상사는 누가 잘못하면 소리치고 화만 내는 경우가 많은데, 그 이사님은 흥분하지 않으면서 어떤 부분을 개선해야 할지를 팀원들과 논의하는 분이었고, 한 번도 회피하는 것을 못 본 것 같아요. 근데 이 얘기가 제가 오늘 이야기하려는 것과 어떻게 연결되는 건지 갑자기 궁금해지네요."

"아까 팀장님이 어떤 책은 카리스마에 대해서 이야기하고, 또 어떤 책은 서번트 리더십에 대해 이야기해서 혼동이 된다고 했잖아요. 어떤 리더십 이론을 따라야 하는지를 따지는 것보다 내가 좋다고 느꼈던 경험에서 출발해보는 거예요. 사람들마다 좋다고 느끼는 리더의 모습은 조금씩 다를 수 있거든요. 소위 진정성 리더십authentic leadership이라는 것은 자신이 긍정적으로 느낀 리더의 모습에서부터 접근해볼 수 있다는 말이죠."

당신은 어떤 사람이
되고 싶은가요?[46]

"리더십에 대해 어떤 책을 읽어보면 좋을까요?"

종종 리더십 코치라는 이유로 이런 질문을 받는 경우가 있습니다. 이때 저는 좋아하는 리더의 자서전을 읽어보라고 추천합니다. 기왕이면 자신이 매력을 느끼는 리더의 모습에서 자기에게 맞는 교훈을 찾아보는 것이 의미 있기 때문입니다.

저는 최근 버락 오바마 자서전《약속의 땅》을 흥미롭게 읽었습니다. 이 책 중 커뮤니케이션 측면에서 가장 인상적인 대목은 그가 다양한 목소리를 듣기 위해 의도적으로 노력한 부분이었습니다. 3가지 장면이 떠오릅니다.

첫째, 오바마는 매일 잠자리에 들기 전에 보좌관이 추린 국민들의 편지 열 통을 읽곤 했습니다. 오바마는 칭찬으로 가득한 지지자들의 편지만 받고 싶지 않다는 점을 보좌관에게 분명히 했습니다. 그는 자신이 읽은 편지 중 실업의 고통을 겪으면서 로비스트와 특수 이익집단에 휘둘리는 정부를 강력하게 비판하는 편지를 소개했습니다. 그는 가슴 아픈 편지를 읽을 때 이를 그저 한 시민의 편지로 읽지 않았으며, 편지 뒤에 수백만 명의 절박한 사연이 있음을 기억하려 했다고 썼습니다.

둘째, 오바마는 회의에서 서로 다른 의견을 낼 수 있도록 장려했습니다. 초급 보좌관도 자신의 아이디어를 낼 수 있고 이념적 성향이 다른 의견도 자유롭게 개진할 수 있도록 배려했습니다. 당시 부통령이었던 조 바이든이 아프가니스탄 관련 회의에서 대다수와 다른 의견을 냈을 때, 그는 이렇게 다른 목소리를 낸 그의 존재를 고마워했습니다. 의사 결정에 도움이 된다고 생각했기 때문입니다.

셋째, 전 세계 집단살해에 대한 미국의 미온적 대응을 질타한 책《미국과 대량 학살의 시대》를 쓴 사만다 파워를 오바마는 상원의원 시절부터 눈여겨보았습니다. 오바마는 파워를 자신이 정치를 시작할 때의 초심을 간직하고 있는 인물이라고 생각했습니다. 그는 대통령이 되자 파워를 국가안전보장회의 특별 보좌관으로 채용했는데, 그의 주요 역할 중 하나는 오바마의 잘못을 지적하는 것이었습니다. 파워는 대통령에게 "우리가 최근에 배신한 이상은 무엇인가요?"라고 묻거나 오바마가 아르메니아 학살 추모의 날에 20세기 초 튀르

키예인들이 저지른 아르메니아인 집단살해를 명확하게 인정하지 않은 것을 꼬집기도 했습니다.

　오바마에게 배울 수 있는 점은 무엇일까요? 우리는 살아가면서 중요한 의사 결정을 할 때가 있습니다. 직장 혹은 거주지의 선택에서부터 프로젝트 실행 혹은 투자 방법에 이르기까지.

　의사 결정에 대한 연구를 오래 해온《선택 설계자들》의 저자 올리비에 시보니는 보다 나은 의사 결정을 하려면 자신이 갖고 있는 '편향bias'을 극복해야 하는데, 그러기 위해서는 의사 결정 과정에서 비판적인 목소리를 포함해 다양한 관점을 듣고 대화하는 것이 중요하다고 강조합니다.

　우리는 기존에 갖고 있던 신념과 모순되는 정보나 의견을 애써 외면하려 하며, 이에 따라 그릇된 의사 결정을 할 수 있습니다. 이런 편향을 극복하려면 의도적으로 '악마의 대변인'과 같은 역할을 하는 사람과 대화하는 것이 필요합니다. 마찬가지로 중요한 전략을 짜는 업무 회의에서 만장일치는 위험한 결정으로 빠질 수 있으며, 의도적으로 반대 의견을 내는 사람을 만들어 다양한 각도에서 사안을 검토할 것을 권합니다. 오바마는 이러한 의사 결정 이론을 이미 현장에서 구현하고 있었던 셈이지요.

　세계에서 가장 큰 정치적 영향력을 가졌던 오바마는 어떻게 이렇게 다양한 목소리에 귀를 기울일 수 있었을까요? 어린 시절 오바마가 급우를 괴롭힌 적이 있었는데, 그때 그의 어머니가 한 말을 오바마는 성인이 되어서도 기억하며 살았다고 합니다.

"세상에는 자기만 생각하는 사람들이 있어. 자기가 원하는 것을 차지할 수만 있다면 딴 사람들에게 무슨 일이 생겨도 신경 안 쓰지. 자기가 중요한 사람인 것처럼 느끼려고 남을 깔아뭉갠단다. 그런가 하면 그 반대인 사람들도 있어. 남들이 어떻게 느끼는지 상상할 수 있고 남들에게 상처 입히는 일을 하지 않으려 하지. 자, 그렇다면 너는 어떤 사람이 되고 싶니?"

리더의 역할을 처음부터 잘 수행하는 사람은 아무도 없습니다. 완성도 없고요. 조금씩 배우고 개선해나가는 과정이지요.

저는 모든 리더에게 전문적 코치가 필요하다고 생각하지는 않습니다. 하지만 모든 리더에게 필요한 것이 있다면 그것은 성찰reflection하는 것입니다. 리더로서 자신의 모습을 거울에 비추어 보는 것이지요.

우리가 매일 아침 거울을 보면서 옷이 비뚤어졌는지 잘 어울리는지 살피고 수정하는 것처럼 리더십도 비슷한 과정이 필요합니다. 어떤 사람은 스스로 하기도 하고, 누군가는 코치의 도움을 받기도 하지요.

리더의 성찰은 다양한 형식을 띠게 되는데, 어떨 때는 전문적인 진단 결과를 놓고 성찰을 하는가 하면, 조금 전 사례처럼 자신의 경험을 돌아보는 것으로 시작할 수도 있습니다.

리더십을 고민하는 독자분들이라면 다음의 질문들에 자기만의 답을 찾아보시면 어떨까요?

✅ 내가 경험했던 가장 바람직한 리더는 누구였습니까?

_____

_____

_____

_____

_____

✓ 왜 바람직한 리더로 생각했는지 구체적인 사례가 있을까요?

_____

_____

_____

_____

✓ 그는 리더로서 업무를 수행하면서 어떻게 행동하고 말했나요?

_____

_____

_____

_____

✓ 내가 그에 대해 바람직하게 생각한 행동 방식은 팀에 어떤 영향을
주었나요?(예: 팀의 성과, 팀원들의 동기부여, 팀워크 등)

_____

_____

_____

_____

✅ 위의 질문에 대한 나의 반응을 돌아볼 때, 내가 되고자 하는 리더의 모습은 어떤 특징이 있나요?

_____

_____

_____

_____

_____

아직 이 질문들이 부담스럽다면…

아직 바람직한 리더를 직접 경험해보지 못했을 수도 있습니다. 그럴 때는 다음 3가지 중 하나를 선택해서 생각해보시기 바랍니다.

첫째, 내가 경험했던 바람직하지 않은 리더를 떠올려본 뒤, 내가 생각하는 바람직한 리더는 어때야 하는지를 생각해보세요.

둘째, 바람직한 리더를 직장 경험에서만 찾아보는 것이 아니라 그 이전, 즉 학교나 동호회 등에서 경험했던 리더로 확장해보세요.

셋째, 간접적이어도 좋으니 내가 매력적으로 느낀 리더를 떠올려보세요. 예를 들어, 역사적 인물이나 널리 알려진 인물일 수도 있습니다. 정치인일 수도 있고, 기업인일 수도 있습니다. 왜 그들을 바람직한 리더로 생각하는 지 나만의 이유를 따져보는 것이지요.

나아가 이들과 관련된 다큐멘터리를 찾아보거나 전기나 자서전을 읽어보는 것입니다. 리더십 이론서보다 저는 각자가 매력을 느끼는 리더에 관련된 책이나 동영상 등을 직접 찾아보는 것을 권합니다.

Q11. 당신이 좋아했던 상사는 어떤 사람이었나요?

나의 '영웅'은 같은 상황에서
어떻게 행동할까요?

"지난번에 만나고 나서 그날 저녁에 바로 그 이사님에 대해서 다시 돌아보는 시간을 보냈어요. 그분이 링크드인에 공유한 글도 읽어봤고요. 리더로서 매력을 느낀 점을 곰곰이 생각해보니 3가지 정도로 정리할 수 있더라고요."

"궁금한데요, 3가지가 무엇인지?"

"첫째, 명확하다. 두 번째는 피하지 않는다, 세 번째는 잘 듣는다. 이렇게 말할 수 있을 것 같아요."

"명확함을 첫 번째로 꼽은 것은, 3가지 요소 중에서 소현 팀장님이 가장 중요하게 생각한다는 뜻일까요?"

"맞아요. 명확함이 제가 가장 중요하게 여기는 부분인 것 같아요."

"3가지로 압축한 것도 좋은데, 가장 중요한 것을 짚어주니 더 좋네요. 근데 무엇을 명확하게 했고, 무엇을 피하지 않았으며, 어떻게 잘 들었다는 뜻일까요?"

"프로젝트에서 팀원들에게 기대하는 것이 무엇인지를 명확하게 했고, 친절한 분이었지만 팀원들이 잘못하거나 개선해야 할 사항이 있을 때 불편할 수도 있는 대화를 피하지 않았어요. 그렇다고 화를 내거나 하는 모습을 보인 적은 없지만, 할 말은 꼭 하는 분이었지요. 잘 들었다는 것은, 회의에서 자기 혼자서만 떠들지 않고 질문을 통해서 당시 신입 직원이었던 저도 이야기를 할 수 있도록 배려했다는 정도?"

"훨씬 명확하네요. 그럼, 그 3가지를 팀장님이 되고자 하는 리더의 특징으로 연결해도 무리가 없을까요?"

"제가 그렇게 될 수만 있다면 너무 좋지요. 그래서 이런 방향으로 당장 오늘부터라도 무엇을 시도해볼 수 있을지, 구체적 스텝에 대해 코치님과 이야기해보고 싶어요."

"그럼 팀장님이 적용해보고 싶은 구체적 상황은 지난번 이야기했던 회의 진행이 될까요?"

"그것도 좋긴 한데, 오늘은 당장 2주 후에 있는 인사 평가 관련해 이야기하고 싶어요. 팀원들과 일대일로 면담을 해야 하거든요. 지난번처럼 피드백이 잘 먹히지 않으면 어쩌지 하는 걱정이 있어요."

"그럼 면담부터 시작해보지요. 면담 중에서도 그 에이스 직원과의 면담에 코칭을 적용해볼까요? 그 직원과 2주 후 면담을 한다고 가정했을 때 팀장님 마음속에는 어떤 장면이 그려지나요?"

"좀 마음이 답답해지긴 하네요. 그 친구는 아무 말 없이 내가 무슨 말을 할지를 기다리겠죠? 제가 개선점에 대해서 이야기하면 아마 또 변명할 거예요."

"그럼 이런 상상을 한번 해보지요. 팀장님이 좋아하던 그 이사님은 과연 어떻게 면담을 진행했을 것 같아요?"

"불편한 대화를 피하지 않고, 명확하게 이야기하시겠지요. 그런데 정말 제가 그렇게 할 수 있을까요? 어떻게 할지 좀 막막하게 느껴져요."

"처음부터 막막하게 느껴지지 않는 것도 이상하겠지요. 이럴 때일수록 한 번에 하나씩 생각해보는 것이 좋을 것 같아요. 소현 팀장님이 가장 중요하게 생각한 리더의 특징이 뭐였지요?"

"명확함이요."

"그럼 우선 명확함에만 초점을 두고 생각해봅시다. 그 면담에서 팀장님이 어떻게 명확하게 이야기할 수 있을지, 그 상황에서 명확함이 구체적으로 의미하는 바가 무엇일지에 대해서요."

"좋아요."

"팀장님이 지난번에 이런 표현을 썼어요. '싸가지가 없다'는 표현이 있었고, 그 직원이 남의 이야기를 끊으면서 말버릇처럼 되풀이한다는 '그건 그게 아니고요'라는 표현."

"네, 맞아요."

"혹시 이 둘에 차이가 있을까요?"

"둘 다 그 직원의 특징인데…. 글쎄요, 무슨 차이가 있을까요?"

"제가 보기를 줄 테니 팀장님이 한번 연결시켜보면 좋을 것 같아요. 2가지 중 어느 것이 객관적으로 상황을 있는 그대로 표현한 것이고, 또 어느 것이 주관적인 판단일까요?"

"음…. 싸가지 없다는 것이 주관적 판단이고, '그건 그게 아니고요'라고 말하면서 남의 말을 끊은 것이 객관적 상황 표현이겠네요."

Q12. 나의 '영웅'은 같은 상황에서 어떻게 행동할까요?

"맞아요. 그 이사님이 정확히 어떻게 피드백을 했을지 저로서는 알수 없지만, 피드백에서 명확하다는 것의 일반적 정의 중 하나는 객관적 상황을 있는 그대로 전달하는 것이에요."

"'그건 그게 아니고요'라는 말을 그 직원이 얼마나 반복적으로 하는지를 있는 그대로 말하라는 거죠?"

"맞아요."

"그러고 나서는요?"

"우선 그렇게 객관적으로 사실을 전달하면 그 팀원이 어떻게 반응할 것 같아요?"

"뭐라고 말할지, 혹은 침묵할지 모르겠지만, 적어도 반박은 못 할것 같아요. 다른 팀원들도 목격한 것이니까요."

"그게 포인트예요. 피드백에서 명확함을 추구한다는 것은 피드백을 줄 때 첫 시작을 가치 판단이 아닌 명확한 사실로부터 출발한다는 것이에요."

"잘 알겠어요. 여전히 그 뒤에 제가 뭐라고 이야기해야 할지가 궁금해요."

"팀원이 말을 끊으면서 '그건 그게 아니고요'라고 회의에서 자주 말하는 것이 팀이나 회의에 어떤 영향을 준다고 생각해요?"

"당연히 안 좋은 영향을 주지요."

"자, 다시 '명확함'을 생각해봅시다. 그냥 안 좋은 영향이 아니라 '명확하게' 어떤 안 좋은 영향을 줄까요?"

"팀원들이 자기 의견을 제대로 이야기하는 것에 대해 두려워하거나 귀찮아하겠지요. 그러다 보면 좋은 의견이 묻히는 경우가 생길 테고, 결과적으로 팀워크에 해가 될 것이고요…."

"그럼 팀장님은 그 팀원이 회의에서 어떻게 하기를 원하세요?"

"말 안 끊기를 바라지요."

"아니, 다시 생각해보아요. 그건 뭘 안 하기를 바라는 것이고, 그 직원이 뭘 어떻게 하기를 바라세요?"

소현은 차를 마시며 잠시 생각합니다.

"회의에서 다른 사람이 말할 때 집중해주기를 바라요. 그리고 궁금한 점이 있거나 다른 의견이 있으면 다른 사람이 말한 뒤에 얘기해주기를 바라고요."

"이제 객관적으로 이야기한 뒤에 무엇을 이야기해야 할지 감이 잡히나요?"

"그러니까, 먼저 문제가 되는 행동을 있는 그대로 이야기한 뒤에, 그것이 다른 직원이나 팀워크에 주는 영향을 이야기하고, 그 팀원이 하지 말기를 바라는 것이 아니라 하기 원하는 것을 말한다?"

"그렇지요. 제가 그 직원이라고 상상하고 피드백을 해볼래요?"

"아, 감정이입해야 하는데…."

소현은 살짝 웃다가 이내 정색을 하고 시작합니다.

"오늘은 제가 피드백할 것이 있어서 면담을 하자고 했어요. 제가 회의 때마다 호 님에게 반복적으로 듣는 표현이 있어요. '그건 그게 아니고요'라는 표현이에요. 예를 들어 지난주 있었던 회의에서만 세 번을 그렇게 말하면서 다른 사람의 발언을 끊었어요. 회의 때 이런 행동이 다른 팀원들로 하여금 자신의 의견이나 아이디어를 이야기하는 것에 대해 불편함이나 두려움을 줄 수 있다고 생각해요. 그리고 그것이 팀워크를 해치게 되고요. 이건 제가 팀을 이끄는 방향성과 맞지 않습니다."

소현이 말을 가다듬고 이어갑니다.

"그래서 앞으로 호 님이 회의에서 다른 사람이 자신의 의견을 말할 때 집중해주고, 일단 먼저 들은 뒤에 그에 대해 이해되지 않는 부분이 있다면 질문하거나 자신의 의견을 말해주길 바라요."

"아주 좋아요. 여기서 하나 더 시도해볼까요? 지금 피드백을 통해 팀장님이 좋아하는 리더의 특징 3가지 중 피하지 않기와 명확함을 실천했어요. 그렇다면 듣기는 어떻게 실천할 수 있을까요?"

"피드백 주는 상황에서 듣기라…."

소현은 궁금해하는 표정입니다.

"제가 그 팀원에게 의견을 물어봐야 하나요?"

"좋아요. 어떤 부분에서 물어볼 수 있을까요?"

"객관적 상황 표현, 그것이 주는 영향, 기대하는 변화 중에서… 변화?"

"맞아요. 팀장님이 미리 생각한 변화 안을 이야기해주기 전에 그 직원이 피드백에 대해 어느 정도 공감하는지를 보기 위해서는 객관적 문제 상황을 전달하고, 그것이 주는 영향을 설명한 뒤에, 예를 들어 다음 미팅에서 어떻게 다르게 행동할 수 있을지 물어보는 거지요."

"'다음 미팅 때 어떻게 다르게 할 수 있을까요?' 이 정도면 될까요?"

"아주 좋아요. 그렇게 물었을 때 그 직원이 팀장님이 생각한 것과 같은 변화를 이야기할 수도 있고, 다른 것을 이야기할 수도 있어요. 혹은 생각을 잘 하지 못할 수도 있고요. 그때 팀장님이 생각한 것을 제안해도 늦지 않지요."

"듣기와 이런 질문의 관계는 뭔가요?"

"상대방의 이야기를 듣는다는 것은 단지 말하는 것을 수동적으로 듣는 것이 아니라 질문을 통해 적극적으로 상대방의 이야기를 끌어낸다는 의미예요. 소현 팀장님이 좋아하는 상사도 그러지 않았나요?"

"맞아요. 그분은 대화할 때 다른 상사와는 달리 주로 질문을 했고, 덕분에 제 이야기를 많이 할 수 있었어요."

"그래요. 이번처럼 긍정적 리더였던 사람의 특징을 생각해보고, 구체적 상황에서 어떻게 그것을 실천할 수 있을지를 고민하고 시도한다면 팀장님의 리더십이 지속적으로 성장할 것이라는 점을 보장할 수 있어요!"

직언을
이끌어내는 리더[47]

해외 전문경영인 중 제가 가장 매력을 느끼는 사람은 전 포드모터컴 퍼니 CEO 앨런 멀렐리Alan Mullaly입니다.

보잉에서 30년 넘게 일하던 멀렐리는 포드모터컴퍼니 설립자 의 증손자인 빌 포드로부터 어느 날 전화를 받게 됩니다. 위기에 처 한 포드모터컴퍼니의 대표를 맡아 사업 회생 작업을 도와달라는 부 탁이었습니다. 2006년 멀렐리가 포드를 맡았을 때, 그해에만 20조 가까운 손실을 예상할 정도로 상황이 안 좋았습니다.

멀렐리는 매주 목요일 아침 7시, 최고위 임원들과 사업 계획 검 토를 위한 주간 회의를 진행했습니다. 그는 각 임원들에게 맡고 있 는 주요 프로젝트 5개씩을 3가지 색깔로 표시해달라고 부탁했습니다. 녹색은 프로젝트가 문제없이 잘 진행되고 있다는 뜻이고, 노란색은 일부 문제가 있으나 해결책을 찾아 작업 중이라는 뜻이고, 빨간색은 문제가 생겼고, 해결책도 찾지 못한 상황이라는 뜻이었습니다.

첫 회의에서 전체 임원들에게 300여 개 프로젝트에 대한 보고를 받을 때 놀랍게도 모든 색깔이 녹색이었답니다. 20조 손실이 예상되는 상황에서 임원들은 잘못되고 있는 것이 아무것도 없다고 보고한 거죠. 신임 대표에게 잘못 보이면 안 된다는 임원들의 두려움 때문이었습니다.

멀렐리 대표는 몇 주 동안 인내심을 갖고 지켜보았습니다. 그러다 어느 날 북미를 총괄하던 고위 임원이 처음으로 한 프로젝트에 빨간불을 올려놓았고, 회의에 참여한 다른 임원들은 긴장 속에서 멀렐리의 반응을 기다렸습니다.

그때 멀렐리는 갑자기 박수를 치기 시작했습니다. 일부 임원들은 그 박수가 회의실 밖에 대기하고 있던 경비원에게 빨간색을 올려놓은 임원을 끌어내라고 하는 신호로 오해했을 것이라고, 멀렐리는 스탠포드 경영대학원에서 수년 뒤 했던 강연에서 말했습니다.[48] 모두들 사업 보고 회의에서 빨간색을 올리는 순간 해고당할 것이라 생각했기 때문이지요.

하지만 멀렐리가 박수 친 것은 취약성을 인정한 그 임원의 솔직함 때문이었습니다. 멀렐리는 거기에서 한 발 더 나아가서 이렇게 질문했습니다. "우리가 무엇을 어떻게 도우면 될까요?" 어리둥절한 모습으로 서로 쳐다보던 임원들 중 몇 사람이 손을 들기 시작했습니다. 자신의 부서에도 과거 유사한 문제가 있었고, 이를 해결한 팀을 바로 보내겠다고 한 것입니다. 멀렐리는 문제를 보고한 사람을 탓하지도 않았고, 빨리 해결하라는 뻔한 지시를 하지도 않았으며, 팀이 서로를 도와줄 수 있는 상황을 리더로서 만들어갔습니다.

문제의 프로젝트는 다른 임원들의 도움을 받아 그다음 주에는 빨간색에서 노란색으로 그리고 녹색으로 점차 변화되어갔습니다. 멀렐리가 포드 재임 기간 중 가장 인상적인 순간으로 꼽았던 때는 그 이후였습니다. 어느 순간 빨간색과 노란색으로 표시된 보고가 올라오기 시작했습니다. 몇 주 후 주간 회의에서 그동안 모두 녹색이었던 불이 마치 무지개처럼 보였습니다. 어느새 임원들이 두려움 없이 현실 속의 문제를 인정하고 공유하기 시작하자, 멀렐리는 문제가 상당히 심각함을 아는 동시에 이제 팀워크를 발휘하여 사업을 회생시킬 수 있겠다는 자신감을 갖게 되었습니다.

경영 잡지 〈포춘〉은 2014년 전 세계 위대한 리더에 교황, 메르켈 독일 전 총리에 이어 2016년까지 대표를 역임한 멀렐리를 3위로 꼽았습니다. 노조로부터도 강력한 지지를 얻은 그는 거의 쓰러져가던 포드를 살려놓고, 2015년 2분기에 2000년 이후 최고 실적을 올렸으며, 명예롭게 퇴사한 뒤 구글 모기업 이사회 구성원으로 활동해왔습니다.

우리는 종종 "상사에게 직언할 수 있어야 한다"는 말을 듣습니다. 심지어 어느 대기업 회장은 "상사에게도 '노'라고 답할 수 있어야 한다"고 '지시'했다는 말은 들었을 때 저는 씁쓸한 웃음을 지었습니다. 너무나 비현실적인 쇼인 것을 알기 때문이지요. 자신의 밥벌이를 내걸고 상사에게 직언할 수 있는 사람은 거의 없습니다. 저도 추천하지 않습니다.

현실적으로 말하면 상사에게 직언하는 용감한 부하 직원이 세상에 있는 것이 아닙니다. 부하 직원에게서 직언을 끌어내는 리더가 있을 뿐입니다. 조직문화 연구 개척자였던 MIT 경영대학원 에드거 샤인 교수가 리더십 연구 개척자인 워렌 베니스와 1960년대 중반 제안했고, 최근에 많은 관심을 끌고 있는 학술 용어를 빌리자면 '심리적 안전감'을 만들 줄 아는 현명한 상사가 있는 것입니다.

여러분께서 리더십을 성장시키고 싶다면, 그리고 리더로서 때로는 어떻게 해야 할지 모르겠다면 이번 장에서 소현이 밟아온 과정을 잘 생각해보시면 됩니다.

먼저 여러분의 경험 안에서 나와 잘 맞는, 내가 좋아하는 리더십의 자질을 찾아본 뒤, 이를 현장에서 실천하는 과정에서 궁금한 것이 생길 때 전문적인 리더십 자료나 책 등을 활용하는 것이지요.

아래와 같은 질문에 답해보고, 무엇보다 실제로 시도를 하면서 자신의 리더십을 성장시켜나가시길 바랍니다. 그리고 때론 잘 먹히지 않더라도 '난 안돼'라고 생각하지 말고, '다음번에는 어떻게 다르게 시도해볼 수 있을까?'라는 학습의 자세로 계속 시도해보세요. 어느 리더든 성장 과정에서 실수하기 마련입니다. 그 실수를 시도하지 않을 이유로만 삼지 않고, 지속해서 시도하고, 성찰한다면 여러분은 분명 더 나은 리더로 성장할 것입니다. 보장해요!

✔ 내가 과거 경험했던 긍정적 리더의 모습으로부터 찾아낸 특징 (=내가 되고자 하는 리더의 특징)은 무엇인가?

_____

_____

_____

_____

✅ 리더로서 현장에서 이러한 특징을 어떻게 실천할 수 있을까?

_____

_____

_____

_____

✅ 그 실천 방법을 찾는 과정에서 내게 필요한 도움은 무엇인가?(예:
인터넷상의 자료, 책, 코칭 등)

_____

_____

_____

_____

아직 이 질문들이 부담스럽다면...

리더십 커뮤니케이션에서 핵심적인 상황 중 하나는 회의 진행입니다. 예전에 참여했거나 현재 참여하고 있는 회의 중에서 가장 회의를 잘 진행한 리더 한 사람을 떠올려보세요. 그는 회의 진행자로서 어떤 행동이나 말을 하고 있던가요? 3가지만 구체적으로 적어보세요. 그리고 그중 1가지만 내가 리더로서 진행하는 회의에서 시도해보세요. 그 경험으로부터 배운 것은 무엇인가요?

Q12. 나의 '영웅'은 같은 상황에서 어떻게 행동할까요?

Special Tip

CEO만 30년 해온
사람의 리더십 비법[49]

2022년 11월 말 저는 '폴인' 황은주 에디터로부터 인터뷰 모더레이터를 해달라는 요청을 받았습니다. 조직문화와 리더십 관련이었습니다. 그 요청을 받자마자 저는 오래전부터 인터뷰해보고 싶었던 사람을 떠올렸습니다. 바로 길리어드사이언스 코리아의 이승우 전 대표였습니다.

　세계에서 가장 유명한 리더십 코치 중 한사람인 마셜 골드스미스는 오늘날 리더들이 겪는 도전은 리더십에 대한 새로운 이해보다는 그들이 이미 이해하고 있는 리더십을 실천하는 것과 관련이 있다고 말했습니다. 예를 들어보지요. "리더의 중요한 역할은 직원의 성장을 돕는 것이다"라는 말은 너무나 흔하고 쉽게 이해할 수 있습니다. 하지만 직원의 성장을 돕고, 직원들이 그렇게 느끼게 만드는 리더는 생각보다 흔치 않습니다. 훌륭한 리더는 말만 하지 않고 실천하고 이를 실적으로 연결시키며 리더십을 '보여줍니다'. 40년 커리어 중 30년 동안 글로벌 기업의 CEO를 해온, 직업이 그야말로 '사장'인 경영자 이승우 대표가 어떻게 그런 리더십을 실천해왔는지 인터뷰했습니다.

길리어드사이언스는 1987년 설립된 캘리포니아에 본사를 둔 바이오 제약회사입니다. 역사는 짧지만 획기적인 간염 치료제와 세포 치료제 및 항암제를 개발하여 환자들의 생명을 구하고 삶의 질을 개선하는 데 기여한 글로벌 기업입니다. 이승우 대표는 한국글로벌의약산업협회KRPIA를 1999년에 만들고, 초대 회장을 맡아 국내 바이오 제약 산업 스탠다드를 높이는 데 기여한 인물입니다. 그런 노력이 국내 의학 발전과 맞물리면서 이제 서울은 글로벌 기업들이 임상 연구를 제일 많이 진행하는 도시가 되었습니다.

만약 여러분이 직장을 옮기기 위해 두 곳의 회사와 인터뷰를 진행했고, 두 회사 모두에게 입사 제안을 받았다고 가정해봅시다. A사는 차장 직책에 일정 금액을 제시했습니다. B사는 부장 직책에 A사보다 1,000만 원이 더 높은 연봉을 제시했습니다. 두 회사 모두 매력적인 회사였습니다. 당신이라면 어느 회사를 선택하시겠습니까?

이는 실제 제가 20여 년 전에 마주했던 상황입니다. 당연히 처음에 제 마음은 B사에 이끌렸지만, A사 대표와의 인터뷰 이후 저는 결국 A사를 선택했습니다. 그리고 당시의 선택은 이후 제 커리어에 커다란 영향을 미쳤습니다. 당시 A사에 이승우 대표가 있었습니다.

그의 직업을 소개하는 가장 적절한 단어는 '전문경영인(CEO)'입니다. 존슨앤드존슨에서 10년간 경력을 쌓은 뒤, 30년 가까이 한국 MSD, 한국 아스트라제네카, 지금은 화이자가 된 와이어스, 그리고 10년 넘게 길리어드사이언스 코리아의 대표를 역임했는데요. 40년 동안 직장 생활을 하는 것도 쉽지 않지만, 그중에서 30년을 바이오·제약 업계 글로벌 기업의 '사장'을 해왔다는 것도 놀랍습니다. 20여 년 전 제가 한국 MSD에서 차장으로 일할 때 사장이었고, 그 이후로도 지속적으로 고객으로서 그리고 커리어 선배로서 직간접적으로 관찰할 기회가 있었습니다. 그는 2022년 말, 2023년 4월까지 일하고 은퇴를 하겠다고 선언했습니다.

1. 이승우 대표가 인재를 발굴하는 법

"저도 안 가본 길이기 때문에 아직 좀 설레기도 하고, 마음은 참 바쁜데 아직 무엇부터 준비해야 될지는 모르는 그런 상태고요. 또 지난주에는 제가 전에 근무했던 한국 MSD에서 그때 같이 일했던 여성 임직원들이 저에게 서프라이즈 파티를 해줬어요."

은퇴 선언 후 근황에 대한 질문으로 시작한 인터뷰에서 그는 과거 함께 일했던 30여 명의 여성 리더들이 해준 서프라이즈 은퇴식 이야기를 해주었습니다. 그는 링크드인에 은퇴 소식을 알리면서 전문경영인으로서 커리어를 돌아볼 때 가장 자랑스럽게 생각하는 것 중의 하나가 젊은 여성 리더들을 발굴하고 그들의 성장을 도운 것이라고 했습니다. 2001년 제가 한국 MSD에 들어갔을 때도 여성 리더들이 많았습니다. 지금도 국내 대기업에서는 여성 임원이나 관리자를 많이 볼 수 없는데, 그가 대표였던 조직에서는 이미 그 당시부터 관리자 중 여성 리더들이 상대적으로 많았습니다. 그는 어떤 생각에서 이렇게 한 것이었을까요?

"처음에 특별하게 생각한 적은 없었고요. 다만 제가 갖고 있는 철학은 가장 훌륭한 사람을 채용해야겠다는 게 원칙이었습니다. 근데 그 당시만 하더라도 90년대에는 굉장히 우수한 남자 지원자들은 대개 국내 대기업을 선호했고 우수한 여성 지원자들은 그런 기회가 없었던 시대였습니다. 그래서 저는 채용을 할 때 남자냐 여자냐를 보지 않고 누가 가장 훌륭한 인재고 누가 가장 우리 조직과 맞는 사람인가를 위주로 뽑다 보니까 어떤 때는 10명 뽑으면 10명이 다 여자일 때도 있었어요. 그렇다 보니까 그 당시만 하더라도 많은 여성 직원들과 함께 근무를 하게 됐습니다."

몇 년 전 그가 오래전에 CEO였던 기업의 임원진 회의에 참여할 기회가 있었습니다. 그가 떠난 지 오랜 시간이 지났지만, 그 기업 임원진 절반 이상이 여성이었습니다.

그렇다면 이승우 대표에게 훌륭한 인재란 어떤 사람이었을까요? 제가 가끔 놀라는 것 중의 하나가 그와 함께 일했던 사람들 중에 글로벌 제약 업계의 CEO 및 임원 등 리더로 활동하고 있는 사람들이 많이 있다는 점입니다.

그는 훌륭한 인재의 조건으로 '학습 능력'을 꼽았습니다. 지속해서 프로젝트를 진행하며 새로운 것을 학습하고 성장해나가는 능력이겠지요. 두 번째로 열정을 꼽았는데요. 비즈니스에서 열정 없이 사람들과 함께 학습을 통해 성장을 만드는 것은 불가능하기 때문입니다. 그런데 그는 평직원이나 초급 관리자들에게서 리더가 될 자질을 어떻게 찾아냈을까요?

"참 어려운 질문인데요. 처음부터 알 수는 없습니다. 하지만 그럴 가능성이 많은 인재들한테 기회를 많이 주는 것이지요. 어떤 사람들은 이런 기회를 주는 것이 위험하지 않냐고 하겠지만, 제가 봤을 때 리더의 가장 중요한 역할은 사람을 성장시키는 것입니다. 그렇게 하기 위해서는 직원에게 성장할 수 있는 역할을 제시해야 하죠. 누구나 처음부터 잘할 수 있는 것은 아니어서 실수하면서 배우고 성장하는 기회를 많이 주었기에 그 과정에서 리더가 될 인재들을 찾아내는 것이 가능했다고 봅니다."

제가 MSD에 처음 입사했을 때였습니다. 이승우 대표는 제게도 많은 기회를 주었습니다. 높은 사람들과 미팅을 잡아주면서 미국 본사에 다녀오라고 했었습니다. 그리고 한국으로 돌아오는 길에 미국심장협회에서 주최하는 학회에도 다녀오라고 했습니다. 저로서는 의학 분야 학회에 처음 가본 것이었습니다. 더 넓은 세상을 보고 배우고 오라는 뜻이었겠지요. 그에게 이런 기회를 받은 사람은 저뿐만이 아니었습니다.

몇 년 전 같은 회사에서 일하던 동료들과 이야기를 나눌 기회가 있었습니다. 어느 리더나 마찬가지지만, 모든 사람이 좋아하는 리더란 있을 수 없습니다. 그 자리에 있었던 사람들도 마찬가지로 이승우 대표를 좋아하는 정도가 달랐지만, 하나의 지점에서만은 모두가 고개를 끄덕였습니다. 그가 인재 양성을 위해 기회를 많이 주려고 했고, 최선의 지원을 해주었다는 점에 대해서는 모두가 동의했습니다.

2. 리더의 조건, 타인을 성장하게 만든다

인기 만화《슬램덩크》의 유명한 대사를 인용하여 이승우 대표에게 질문했습니다. "대표님께 영광의 순간은 언제였습니까?"

"과거에 함께 일했었고 지금은 국내 대기업의 인사 임원으로 가신 분이 이런 말씀을 하시더라고요. 외국에 오랫동안 있다가 한국에 와서 리더십 개발에 대한 책임을 맡게 되면서 제가 제일 먼저 생각이 났다고요. 인사 책임자로서 가장 이상적인 리더가 가져야 될 역량들을 갖춘 사람이 누구냐고 했을 때 제가 떠올랐다는 게 저는 참 감동이었습니다. 저와 함께 일했던 분들이 성장해서 큰 역할을 하고 있고, 그분들이 또 다른 리더들을 성장시키는 모습을 보게 될 때, 어떻게 보면 제가 뿌린 조그마한 씨앗들이 또 다른 성장으로 이어지고 사회에 기여하는 모습을 볼 때 굉장히 보람을 느꼈습니다."

저 역시 이상적인 리더의 모습을 떠올릴 때 이승우 대표를 떠올렸는데, 다른 사람들도 그렇게 느꼈나 봅니다. 그나저나 제가 영광의 순간을 질문했을 때 저는 어떤 재무적인 실적이나 성과, 수상 내역을 말할 줄 알았는데, 인터뷰 내내 어떤 질문을 해도 이승우 대표는 사람의 성장에 대해 이야기하고 있었습니다. 리더의 가장 중요한 자질이자 조건은 사람의 성장에 기여함으로 인해 그들이 자신의 커리어는 물론 비즈니스의 성장에 기여하도록 하는 것이라는 생각이 강해졌습니다. 말이 아닌 실천으로 말이죠.

사람의 성장에 대한 이야기는 자연스럽게 조직문화로 이어졌습니다. 그는 조직문화에 대해 어떤 생각과 실천을 해왔을까요?

"요즘 화두인 심리적 안전감을 가질 수 있는 환경을 만들어주는 것이 중요하거든요. 예를 들어 미팅을 할 때 사장인 제가 리드하기보다는 리더십팀이 돌아가면서 진행을 합니다. 그리고 가급적이면 저는 이야기를 안 하고 누가 물어보거나 꼭 해야 할 말이 있으면 맨 마지막에 의견을 낸다든지 그렇게 합니다. 정말 핵심적인 방향성이 다를 경우에만 제 의견을 피력하고 그렇지 않은 경우는 대부분 리더들의 의견을 따르려고 노력합니다."

이승우 대표는 조직문화가 성과로 바로 연결되는 가장 중요한 요소라고 말합니다.

"문화는 결국은 결과입니다. 정말 중요하고요. 그러한 문화를 만드는 것이 리더의 중요한 책임이자 역량이라고 생각하거든요."

"문화가 어떻게 결과죠? 많은 사람들이 실적을 결과라고 생각하고 문화는 보통 우선순위에서 밀리잖아요. 그게 어떻게 연결이 되는지요?"

"심리적 안전감도 결국은 문화와 직접적으로 연결됩니다. 직원들이 두려움 없이 자신의 의견을 이야기할 수 있고 직원들이 가장 훌륭한 의사 결정을 할 수 있는 환경이 되면 그 의사 결정이 결국 시장에서 이기는 결정이 되고, 성과로 이어지기 때문에 이게 곧 결과로 직결되는 거죠."

"하지만, 보통 기업에서 우리는 '윗사람'이 더 좋은 의사 결정을 내릴 수 있다라고 생각하지 않나요?"

"저는 그 반대로 생각합니다. 상사는 1명이고, 직원들은 숫자가 많잖아요. 특히 고객과 관련된 일이라면 접점에 있는 직원들이 리더보다 더 많이 알 수 있고, 그래서 직원들이 최선의 의사 결정을 할 수 있는 환경을 만드는 것이 정말 중요합니다."

여러 글로벌 기업을 옮겨 다니며 전문경영인으로서 일해온 그가 새로운 조직에 리더로 부임할 때 제일 신경 쓰는 3가지는 조직문화, 절대 어겨서는 안 되는 비즈니스 윤리와 같은 원칙을 지키는 것, 그리고 직원들의 동기와 사기를 높이는 것이라고 합니다. 여담이지만, 그와 함께 일한 사람들 사이에서 그의 별명은 '미소 속의 칼날'이었습니다. 이승우 대표의 트레이드 마크 중의 하나는 그의 선한 웃음입니다. 실제 대화를 나누어봐도 선한 기운을 단번에 느낄 수 있습니다. 하지만 비즈니스 윤리와 같은 반드시 지켜야 하는 원칙에 있어서는 칼날과 같은 결정을 내리는 것으로 유명했습니다.

노조와의 갈등은 때로 경영자에게 부담이 되기도 합니다. 그는 노조와 갈등이 심했던 조직에 CEO로 부임한 적이 있었습니다. 노조 홈페이지에 그에 대한 안 좋은 글도 많이 올라오던 때였습니다. 하지만 놀랍게도 그는 당시를 보람 있었던 장면으로 기억하고 있었습니다.

"당시 저는 노조위원장과 일주일에 한 번씩 만나서 차를 마시며 이야기를 나누었습니다. 회사의 비전, 제 철학과 가치에 대해 이야기하면서 노조위원장이 걱정하는 부분은 무엇인지 서로 존중하면서 대화를 지속해나갔습니다. 그런 과정을 통해 신뢰를 쌓고 더 나은 노사 관계를 구축할 수 있었고요. 놀라운 것은 당시 노조위원장을 했던 분이 지금은 인사 전문가가 되어 다른 회사에서 중요한 역할을 하고 있다는 것입니다." 그는 노조위원장과의 관계에서도 사람의 성장과 변화에 대해 이야기하고 보람을 느끼고 있었습니다.

3. 커리어 개발을 위한 조언, "마음을 쓰레기통처럼 해야"

40년 커리어 중 30년을 CEO로 일해오며 수많은 사람들의 커리어 성장을 도와주고 지켜본 그가 3040 세대에게 어떤 조언을 하고 싶은지 궁금해졌습니다.

"얼마 전 월드컵에서 잉글랜드 국가대표 해리 케인이 패널티킥을 차다가 실축을 했습니다. 월드컵 때마다 이메일을 주고받는 영국 친구들이 있는데 이 장면을 보면서 그런 이야기를 나누었습니다. 누구에게나 해리 케인 같은 순간Harry Kane moment이 있다고. 잘하려고 했지만 너무나 아쉽게도 성공하지 못하는 순간들이 누구나 있잖아요. 당연히 제게도 그런 순간들이 있었습니다. 하지만 결국은 그 순간들에서도 배울 것이 있습니다. 그런 '실축'을 통해서도 성장의 가능성을 찾는 것이 중요하다고 생각합니다."

커리어 개발에 대해 그는 또 하나의 조언을 전했습니다.

"때로는 일이 잘 풀리지 않더라도 일단은 두드려보고 도전해보면서 내가 좋아하는 걸 찾아나가는 과정이 커리어 개발에 아주 중요합니다."

그런 그가 어떻게 헬스케어 분야에서 CEO로 성장할 수 있었는지 궁금해졌습니다. 그에게 커리어 개발에 있어 '실축'과 같은 순간은 언제였고, 그는 과연 어떻게 문을 두드려보고 도전해봤는지.

"어릴 때 캐나다로 이민을 갔어요. 성인이 되어 캘리포니아에서 헬스케어와는 전혀 상관없는 일을 하고 있을 때였습니다. 우연히 캐나다 친구와 LA에서 만나 이야기를 하게 되었는데, 자기 영국인 남자친구가 아시아에서 메디컬 기기 회사 대표를 하고 있는데, 한국에 지사를 만드는 데 관심 있는지 물어봤어요. 그 인연으로 저는 직장에 사표를 내고 미국 메릴랜드로 가서 교육을 받게 되었습니다.

그런데 회사의 현금 흐름이 안 좋아지면서 갑자기 미안하지만 한국 진출 계획은 없는 것으로 하겠다면서 한 달치 월급과 한국으로 가는 편도 티켓을 주더라고요. 처음에는 놀랐습니다. 당연히 당황스러웠고요. 하지만 이 기회에 오래 가보지 못한 한국에 일단은 가보자 결심했고 그렇게 하다가 우연하게 존슨앤드존슨에서 일하게 된 거죠."

혁신 이론을 만든 클레이튼 크리스텐슨은 경영학 이론을 삶의 다양한 문제에 적용시킨 《당신의 인생을 어떻게 평가할 것인가》에서 이렇게 적었습니다. "전략은 거의 항상 의도적 기회와 예상하지 못했던 기회가 혼재하는 상황에서 만들어진다. 중요한 것은 자신의 재능, 관심, 우선순위가 진가를 발휘하기 시작하는 곳이 어디인지 알 때까지 계속해서 뭔가를 시도하는 것이다."[50]

이승우 대표는 자신이 인재를 선발할 때 중요하게 여겼던 학습의 중요성을 다시 강조했습니다.

"배움이라는 것이 학교에서만이 아니라 항상 배울 수 있거든요. 계속해서 배움의 자세를 갖고 있는 것이 중요하다고 생각합니다. 저의 초기 멘토 중 한 분이 이런 이야기를 했습니다. '성장하려면 마음을 쓰레기통처럼 해야 한다'고."

"쓰레기통이라고요?"

"그러니까 이것저것 다 받아들여야 된다는 거죠. 어떤 편견에 붙잡혀 있지 말고 다양한 이야기를 들어보고, 경험해보면서 내 것을 찾아가는 것이지요."

마지막으로 그에게 해외에서 일하고 싶어 하는 젊은 세대에게 줄 조언을 구했습니다. 그는 실제로 한국의 인재들이 본사나 다른 나라에 진출하도록 많은 노력을 해왔습니다.

"현재 한국 인재의 해외 진출 가능성은 그 어느 때보다 좋다고 봅니다. 다만 젊은 분들과 이야기를 나누다 보면 자신의 영어 실력에 대해 걱정하는 것을 보게 됩니다. 하지만 제가 보았을 때 언어는 큰 이슈가 되지 않는 것 같습니다. 자기만의 기초 실력과 열정만 있으면 언어는 생각보다 금방 배울 수 있고, 특히나 요즘은 한국에 대한 위상도 높아

져서 한국의 인재들에게 다국적 회사에서 더 많은 기회가 있을 것 같습니다."

20여 년 전 이승우 대표와 인터뷰를 하고 나서 저는 마음을 바꿔 MSD에 입사했습니다. 당시 그 결정은 이후의 커리어 개발에 있어 커다란 영향을 주었습니다. 저로서는 최고의 리더십을 책이 아닌 직장에서 직접 보고, 경험하고, 배울 수 있었기 때문입니다. 제가 현재 리더십 코치 역할을 하는 데 있어서도 당시의 경험은 소중한 자산이 되었습니다. 또한 그때 헬스케어 분야에 몸담은 것은 지금까지도 영향을 미쳐서 제 고객의 절반 이상은 헬스케어 분야에 종사하는 분들입니다.

그가 리더로서 사람들의 성장을 어떻게 도왔는지를 직접 경험하고 혜택을 받았던 사람으로서 이번 인터뷰는 잊지 못할 것 같습니다. 그가 '직장'에서는 은퇴하지만, '직업인'으로서 그가 가진 훌륭한 리더십 역량은 또 다른 기회를 만나 빛을 발휘할 것이라 확신합니다.

7

뭔가 하긴 해야 할 것 같은데, 딱히 뭘 할지 모르겠다면 이렇게 물어보세요

내가 가진 '카드'는
무엇이 있을까요?

현아는 30대 초반으로 직장 생활 4년 차입니다. 제약회사에서 영업을 3년간 해왔고, 당장은 아니더라도 앞으로는 마케팅 부서에서 일하면 좋지 않을까 생각하면서 지내왔습니다.

"《쿨하게 생존하라》,《직장인에서 직업인으로》를 읽었고 전반적 방향에는 동감하지만, 저에게는 적용하기 힘들다는 생각을 했어요. 학교 졸업하고 운 좋게 입사했고, 그동안 회사에서 상사가 시키는 일 열심히 해왔고, 월급 수준은 나쁘지 않아서 그 돈으로 사고 싶은 것 사고, 먹고 싶은 것 먹었고, 생활에 큰 지장은 없어요. 하지만 성취감이나 재미를 느낀 적이 별로 없어요."

그는 따뜻한 물을 한 모금 마시고 말을 이어갔습니다.

"올해가 4년 차인데, 가까운 친구 중에 한 직장에서 4년째 접어든 사람은 아마 저뿐일 거예요. 다른 친구들은 모두 두 번째, 많으면 세 번째 직장을 다니고 있고, 어떤 친구는 퇴사 후 창업했지만 아직 별다른 성과는 없는 것 같고, 또 다른 친구는 모아둔 돈으로 여행을 하며 쉬고 있어요. 갭이어를 갖고 싶다나요. 그러다 보니 이렇게 똑같은 직장을 오래 다니는 것이 맞나? 퇴사하고 다른 회사 혹은 다른 일을 알아봐야 하나 뭐 그런 생각이 들더라고요.

　그러다 코치님이 유튜브에서 'What do you want?'라는 질문이 중요하다고 말하길래 곰곰이 생각해봤어요. 뭔가 변화가 필요한 시점이라는 느낌은 오는데, 제가 뭘 원하는지 잘 모르겠어요. 솔직히 그걸 아는 사람들이 좀 신기하기도 해요. 친구들에게 물어봐도 별달리 뾰족한 답을 갖고 있는 사람은 없더라고요. 더 솔직히 말하면 과연 그렇게 질문하고 살아야 하는 건가? 그냥 주어진 대로 살면 안 되나? 싶기도 해요. 저처럼 뭘 원하는지 모르겠는 사람도 코칭 대화가 가능할까요?"

　"그렇군요. 느끼는 대로 솔직하게 이야기해주어서 조금은 이해가 되었어요. 현아 님 이야기를 들으면서 30대 초반의 나를 잠시 떠올렸어요. 나는 과연 그때 내가 원하는 것이 무엇인지 알았을까? 20대 후반 유학을 떠났지만, 3년 만에 국가 재정 위기로 환율이 2배 이상 올랐어요. 1달러에 750원 할 때 떠났는데, 갑자기 1,600원 이상으로 오른 거지요. 그때 유학 생활을 계속해도 될까 생각했고, 처음에는 휴학을 했다가 결국은 자퇴를 하고 한국으로 돌아왔어요. 뒤늦게 신입 사원으로 일을 시작했고요. 직장 생활로 치면 현아 님이 저보다 3년 이상 빨리 시작했지요. 그래서 현아 님이 지금 느끼는 것이 난 너무나 자연스럽게 보이고, 오히려 이렇게 대화를 시도해보려고 온 게 용기가 있는 행동이라고 생각해요.

　현아 님이 아까 대략 3가지 정도를 말했던 것 같아요. 이렇게 계속 같은 직장에서 일하는 것이 괜찮을까 하는 생각, 'What do you want'에 대해 스스로에게 물어봤을 때 답이 잘 떠오르지 않는다는 생각, 그리고 꼭 그렇게 질문하고 살아야 하는 건지에 대한 의문. 그렇다면 혹시 현아 님이 이야기를 시작하고 싶은 지점이 있을까요?"

"아무래도 구체적인 지점에서부터 이야기를 시작하면 좋을 것 같아요. 현재 직장을 이대로 그냥 다녀도 괜찮은지에 대해서요."

"좋아요. 거기에서 시작해보지요. 당연히 누구도 '직장을 그대로 다녀도 된다, 떠나야 한다'라고 말할 수는 없어요. 다만 막연하다고 느끼는 생각에 대해서 이야기를 나누다 보면 현아 님 스스로 자기만의 답을 만들어가는 데 도움이 될 거예요. 주변 친구들이 직장을 옮기거나 아예 그만두고 창업을 하거나 갭이어를 갖는 모습을 보면서 내 상태에 대해 다시 생각해보게 되는 것은 당연한 일일 겁니다. 마치 건널목에서 빨간불이라 서 있는데, 갑자기 내 옆에 있던 여러 사람이 모두 무단 횡단을 하면 나도 건너야 할 것처럼 느끼듯이요.

주변 친구들의 선택이 맞았다거나 혹은 현아님의 선택이 틀렸다거나 그런 것은 없어요. 각자의 선택이 있을 뿐이고, 때론 그 선택에 대해 아쉬움이 남거나 할 수는 있지요. 하지만 아쉬움이 없는 선택이란 것이 있을 수 있을까요? 결국 맞고 틀린 선택이 아니라 각자에게 최선의 선택이 있는 것이겠지요.

현아 님에게 현재 가능한 선택의 카드가 몇 장이 있고, 그게 무엇일지부터 생각해보면 어떨까요? 일단 현재 직장을 그대로 계속 다닌다는 선택이 하나 있을 것 같고, 그 외에 막연하게라도 생각하는 카드는 무엇이 있나요?"

"글쎄. 일단 다른 직장으로 옮기는 것?"

"혹시 다른 직장으로 옮긴다면 생각하는 직장이 있어요?"

"아무래도 제약회사 영업을 했으니, 또 다른 제약회사 영업?"

"오케이. 그럼 두 번째 카드는 다른 제약회사 영업으로 이직. 이렇게 생각하면 될까요?"

"얼마 전 아는 분이 스타트업에서 일해볼 생각이 없느냐고 물어본 적이 있었어요. 아직 사업 모델이 확실하지도 않고, 연봉 등 조건이 지금 회사보다 좋지는 않았어요. 미디어 관련 사업이었는데, 그래도 관심은 좀 갔어요. 가능할지 모르지만, 또 다른 선택지라고 하니 그곳에 다시 이야기해볼 수도 있을 것 같아요."

"그래요. 그럼 세 번째 카드는 스타트업?"

현아가 고개를 끄덕입니다.

"또 다른 카드가 있을까요?"

"공부?"

"공부? 무슨 공부요?"

"일하다 보면 뭘 좀 더 배워야 하나 싶은 때가 있어요."

"그게 어떤 때인데요?"

"회사 생활을 하다 보니 다양한 사람들과 만나고, 을의 입장에서 상대방의 기분을 살펴야 할 때가 많잖아요. 그러는 과정 속에서 자연스럽게 사람의 심리에 대해 관심을 갖게 되었어요. 때로는 상대방이 나를 대하는 방식에 의해서 힘이 나고 기분이 좋을 때도 있지만, 때론 힘 빠지게 되고, 기분도 다운되는 나를 보면서 이런 사람 간의 관계, 심리를 공부해 보고 싶다는 생각을 했어요. 너무 학문적인 공부보다는 비즈니스 현장에서 활용할 수 있는 심리라고 할까요?"

"흥미로운데요?"

"이런 생각을 할 때는 흥미가 느껴지기도 해요. 지금 이야기하면서 선택지가 정리되는 것까지는 좋은데, 문제는 가끔 이런 생각을 하다가도, 그 여러 개의 카드 중에서 내가 진짜 원하는 것이 무엇인지도 모르겠고, 더 솔직히 말하면 그런 것에 대해서 생각하는 것이 귀찮아요. 그냥 출근하면 시키는 일들이 있고, 그거 하다 보면 뭐 어떻게 되겠지 하는 생각이 들어요."

"누구나 삶에서 귀찮아하는 부분이 있고, 난 현아 님의 지금 상태가 문제라고 보지는 않아요. 중요한 것은 그런 상태, 즉 직장에서 시키는 일만 하면서 지내는 상태에 대해서 어떻게 생각하는가이겠지요. 현아 님은 그렇게 사는 삶에 대해 어떻게 생각하세요?"

"하…."

현아는 창밖을 바라보면서 한숨을 쉬었습니다. 그 의미가 무엇일지 저도 궁금했습니다.

"문제는 현 상태가 내가 정말 원하는 것이라고 자신 있게 이야기하기 힘들어요. 정말 이쪽도 저쪽도 내가 원하는 것이 아닌 것 같아요. 그러니 차라리 머리 아프지 않게 그냥 주어진 대로 살자 뭐 이렇게 생각하게 되는 것 같아요."

"그렇군요. 어쩌면 머리나 마음속에 다른 복잡한 생각이 있어서 지금 그런 고민을 더하는 것이 부담스러울 수도 있어요. 무엇보다 현아 님이 조금 더 친절하게 스스로를 바라보면 좋을 것 같아요."

제가 다잡고 다시 묻습니다.

"오늘 우리 대화에서 현아 님이 정말 이야기하고 싶은 주제가 무엇일지 궁금해졌어요. 무얼 이야기하고 싶은 걸까요?"

"내가 원하는 것이 무엇인지를 알고 싶다는 생각이 든 것 같아요. 그래서 그게 가능할지, 가능하다면 무엇일지를 알고 싶어요."

"그래요. 우선 'What do you want?'라는 질문은 단순해 보이지만 누구나 답하기 어려운 질문이에요. 그리고 원하는 것은 한 번에 '짜잔' 하고 찾아지는 것이 아니라, 평생 계속해서 찾아가는 과정이에요. 무슨 말인가 하면 'What do you want?'라는 질문을 나 자신에게 어쩌면 매일, 매 상황 던져야 한다는 거지요.

그럼 그 골치 아픈 질문을 왜 매일같이 마주해야 하는 걸까요? 거기에서 각자의 선택이 있는 것 같아요. 어떤 사람은 그런 질문을 하지 않기로 결심하거나 혹은 그런 생각을 아예 하지 않고 지내요. 나 역시 꽤 오랜 세월 동안 그런 질문을 하지 않고 살아왔어요. 내가 그렇다는 생각도 못한 채 말이지요. 하지만, 어느 순간 다른 사람이 원하는 것을 신경 쓰면서도 내가 정작 무엇을 원하는가에 대해 답을 못하는 상황이 문제로 다가왔고, 이렇게 살지 않겠다는 선택을 했어요."

"왜 코치님은 그런 선택을 하게 되었는지 궁금해요."

"아주 간단히 핵심만 말한다면, 내가 원하는 삶이 무엇인지를 알고, 그 방향으로 살아가고 싶기 때문이에요. 다른 사람들이 내게 바라는 것이 아닌, 내가 나에게 바라는 것이 무엇인지를 알아가면서 살고 싶기 때문이지요. 달리 말하면, 현아 님이 영업을 할 때 고객이 바라는 것을 알아내기 위해서 질문을 하고 고객의 이야기를 듣잖아요?"

"아무래도 물리적으로 시간이나 예산 등이 제한되니까, 중요한 고객들을 선정해서 그들의 이야기를 더 귀담아듣게 되지요."

"나를 나의 고객이라고 한번 생각해보면 좋을 것 같아요. 나에게 질문을 하지 않는다는 것은 제가 보기에는 나와 대화를 하지 않겠다는 것이고, 그건 내가 나에게 중요한 고객이 아니라는 뜻으로 해석할 수 있지 않을까요?"

"그게… 그렇게 생각할 수도 있겠네요. 그럼 만약 제가 질문을 하는 삶을 살기로 한다면 그냥 마냥 내가 무엇을 원하는지를 물을 수는 없을 것 같은데, 뭐라도 팁이 있을까요?"

"그래요. 전혀 경험하지 않은 것을 머리로만 생각하면 힘들 수 있어요. 그래서 우선 현아 님이 아까 가진 카드 중에서 경험했던 것부터 생각해보면 좋을 것 같아요. 현재 직장에서는 수년의 경험이 있잖아요. 그곳에서 현아 님이 긍정적 경험이라고 느껴지는 것이 무엇이었는지를 먼저 생각해보면 어떨까요? 그리고 다음에 만나서 계속 이야기해볼까요?"

내가 나에게
기대하는 것을 묻는 질문[51]

연말이면 '올 한 해 바쁘게 보냈는데 나는 무엇을 위해 산 것일까?' 혹은 직장인이라면 '직장 생활을 이렇게 오래 했는데 과연 나는 무엇을 위해 일했던 것일까?' 하는 생각이 든다면, 그리고 이런 상태를 원치 않는다면 왜 이렇게 되는지 생각해볼 필요가 있습니다.

하루를 돌아보지요. 아침에 일어나 물 한 컵을 마십니다. 스마트폰을 확인하고, 계란 프라이를 먹고, 이를 닦습니다. 차를 몰거나 대중교통을 이용해 출근합니다. 도착하면 컴퓨터를 켜고 이메일을 확인합니다. 늘 받는 이메일 요청에 늘 하는 방식으로 답변합니다. 집에 와서는 유튜브 동영상을 가끔씩 보고 인터넷 쇼핑몰 검색을 하거나 주식 시세를 확인합니다. 꼭 보고 싶거나 봐야 할 것이 아닌데도 소셜 미디어나 TV 프로그램을 30분 넘게 보고 있습니다….

하루 24시간 중 우리는 상당 시간을 별생각 없이 보냅니다. 과학적으로 볼 때 이득이 있기 때문입니다. 뇌는 되도록 최소한의 인지적 노력을 통해 에너지를 절약하려고 합니다. 마치 우리가 굳은 결심이 있어 계단을 걷지 않는 한 되도록 엘리베이터를 이용하여 몸의 에너지를 아끼려는 것과 같지요. 그런 점에서 보면 인간은 생각하는 동물이긴 하지만 꼭 생각을 좋아하는 동물은 아닙니다.

의도적으로 노력하지 않으면 뇌는 자동 모드로 움직이게 됩니다. 의도나 생각 없이 하루를 보내기란 정말 쉽지요. 외부에서 주어지는 각종 자극이나 요청에 반응하다 보면 나도 모르게 하루가 지나가는 겁니다. 처음에는 다 먹거나 마실 생각이 아니었는데, 과자 한 봉지나 음료 한 캔을 나도 모르게 비워버리는 것처럼 말입니다.

직장을 퇴사하고 허탈감이나 우울감에 시달리며 괴로워하는 경우를 보게 됩니다. 이를 과학적으로 이해해보죠. 오랜 시간을 자동 모드로 직장에서 주어지는 각종 자극, 예를 들면 회의, 회식, 이메일, 각종 요청 등에 반응하면서 정신없이 살았는데, 직장을 떠나자 그러한 자극들이 갑자기 사라지고, 반응할 대상이 없을 뿐 아니라 스스로 자신이 원하는 삶의 자극을 만들어낼 능력이 줄어들었기 때문이 아닐까요?

자기 자신이 원하는 삶이나 일의 의도를 갖고 하루를 시작하기보다, 바쁘게 주어지는 환경에 반응하는 것으로 하루를 모두 채우다 보면 하루, 1년, 심지어 10년이 그냥 흘러갑니다. 정신없이 살았는데, 내가 뭐 때문에 이러고 있는지 허탈감이 찾아오기 마련입니다.

2023년 3월 미국 버클리대학 하스 경영대학원 수업에서 만난 《에픽》의 저자 캐롤린 벅 루스는 "목적이 있으면 (직장을 나와도) 일자리를 잃을 일이 없다"라는 말을 했는데 내내 이 말을 곰곰이 씹어보았습니다. 삶이나 일에서 자기만의 의도가 명확하면 직장을 옮기든 나오든 항상 일하고 살아갈 의욕과 하고자 하는 일들을 만들 수 있기 마련이지요.

'직장'에서는 실적, 직책, 연봉 등 끊임없이 위^{top}로 올라가기 위해 애쓰지만, 자기만의 '직업'을 찾기 위해서는 위가 아닌 나의 중심^{core}으로 다가서려고 해야 합니다. 과정을 즐기고, 지속적인 자기 나름의 연구 개발과 시도를 통해 결과물의 질을 개선하며, 다른 사람에게 도움과 가치를 더하여 나만의 방식으로 세상에 변화를 줄 수 있는 재능이 분명히 여러분에게도 있습니다. 경영사상가 찰스 핸디가 누구에게나 있다고 말한 '황금 씨앗'이 바로 그것이지요.

펜실베이니아대학교 와튼스쿨의 조직심리학 교수 애덤 그랜트의 저서 《히든 포텐셜》에서는 국제 학업성취도 평가에서 예상했던 한국이나 일본이 아닌 핀란드가 1등을 한 이유를 연구하기 위해 그랜트가 직접 핀란드로 간 이야기가 나옵니다. 핵심은 핀란드의 학교 문화였습니다. 그곳은 성적이 좋은 사람뿐 아니라 모든 학생에게 잠재력이 있다는 깊은 믿음을 기반으로 학교 시스템을 운영하고 있었습니다. 그랜트는 이와 관련해 7장의 서두에서 미국의 교육자인 마바 콜린스의 말을 인용합니다. "미켈란젤로가 모든 대리석 조각 안에는 천사가 갇혀 있다고 생각했듯이, 나는 모든 학생 안에는 뛰어난 아이가 숨어 있다고 생각한다."[52]

하지만 우리는 학교에서는 성적과 전공 등으로, 직장에서는 부서와 직책으로 자신이 갖고 있는 고유함을 모른 채 남들이 규정한 기준으로 자신을 바라보며 오랜 기간을 살아왔는지 모릅니다. 내가 무엇을 좋아하는지 모르겠다는 것은 그만큼 스스로에게 중요한 질문을 하지 않은 채 오래 살아왔다는 것을 뜻합니다.

What do you want? 남이 나에게, 내가 남에게 바라는 것이 아닌 내가 나에게 기대하는 것이 무엇인지를 묻는 중요한 질문 말이지요.

독자 여러분께서 '나는 내가 뭘 원하는지 물어본 적도 없는 것 같고, 물어봐도 답이 없다'고 생각하실 수 있습니다. 그것은 전혀 문제가 되지 않습니다. 중요한 것은 내게 답이 있는가 없는가가 아니라, 내가 원하는 삶이 무엇인지 묻고 싶은가 아닌가입니다. 그리고 스스로에게 하는 질문은 한 번에 끝나는 것이 아니라 지속하는 과정입니다. 답변을 갖게 되는 순간 (가능하지도 않지만) 더 이상 질문을 안 하겠지요. 그래서 질문하는 삶을 선택한다는 것은 지속적으로 묻고 찾아가는 과정을 걷는 것입니다. 어쩌면 이런 질문을 지금 던지고 싶지 않을 수도 있습니다. 혹은 그럴만한 상황이 있을 수도 있습니다.

사람은 누구나 다양한 '모자(선호하는 재능)'를 쓰고 있습니다. 내 눈에 보이지 않을 뿐입니다. 나만의 모자를 8개 찾아봅시다. 그러고 나면 이 모자들은 때로는 독립적으로 때로는 서로 어울리면서 나만의 직업을 만들어냅니다. 비로소 내가 좋아하는 일로 다른 사람에게 도움이 되어 먹고살 수 있는 나만의 '플랫폼'으로 환승하게 되는 것입니다.

다음의 질문을 읽어가면서 답이 빨리 떠오르는 것부터 키워드만이라도 적어보세요. 정답은 없습니다. 질문을 읽다가 다른 질문에 대한 답을 적어도 좋습니다. 여기에서 제시하는 것은 브레인스토밍을 위한 질문 리스트이기 때문입니다.

✅ 8개의 모자를 찾기 위한 A~Z 질문 목록[53]

Act 내가 '하기'를 좋아하는 것에는 무엇이 있는가?

Boast 내가 나에 대해서 자랑하고 싶은 것을 3가지 꼽는다면 그것은 무엇인가?

Course 지금까지의 경험을 바탕으로 내가 교육 프로그램의 강사가 되었다고 가정해보자. 내가 가르치고 싶은 과목의 이름은 무엇이라고 짓고 싶은가?

Discuss 토론해야 한다면 어떤 주제로 토론하고 싶은가?

Envy 사람들이 일하는 능력과 관련해 나에게 부럽다고 말한 적이 있다면 그것은 무엇인가?

Frame 내 책상 위의 액자에 담긴 나만의 특별한 자격증이 있고, 그 자격증은 지금까지 세상에 존재하지 않던 자격증이다. 무슨 자격증일 것 같은가?

Guide 내가 누군가의 가이드가 된다면 어떤 분야의 가이드일 것 같은가?

Help 사람들이 나에게 도움이나 조언을 요청하는 분야의 일은 어떤 종류의 것인가?

Initiate 내가 주도적으로 다른 사람에게 제안을 한다면 그 제안은 무엇에 대한 것일까?

Judge   내가 경연 대회의 심판이 되었다. 무슨 경연 대회인가?

Keep   유지하고 싶은 능력은 무엇인가?

Lead   리드하고 싶은 프로젝트는 어떤 성격의 것인가?

Master   내가 특정 분야의 '마스터'로 불린다면 그 분야는 무엇이길 바라는가?

Nod   사람들이 내 의견에 고개를 끄덕일 때, 주로 어떤 상황에서 그런가?

Order   돈을 주고 상품이나 서비스를 사는 것이 아깝지 않은 분야는 무엇인가?

Prepare   준비하는 것이 설레고 재미난 분야는 무엇인가?

Quote   좋아하는 인용구가 있다면 무엇인가?

Repeat   반복해도 지겹지 않은 일은 무엇인가?

Search   인터넷에서 자주 서치하는 분야나 주제어는 무엇인가?

Travel   출장이나 여행 중 흥미로웠던 것은 어떤 것이었나? 왜 흥미로웠는가?

Useful   내가 가진 기술 중 유용하다고 느끼는 것은 무엇인가?

Value   최근에 한 일 중에서 조직이나 다른 사람에게 새로운 가치를 만들어내어 뿌듯한 적은 언제인가?

Watch　나는 무엇을 즐겨 보는가?

Xerox　따라 하고(모방하고) 싶었던 인물은 어떤 사람이었는가?

Yes　다른 사람의 요청에 내가 흔쾌히 'Yes'라고 말하게 되는 것은 어떤 요청인가?

Zest　열정을 갖고 일했던 프로젝트는 무엇이었나?

아직 이 질문들이 부담스럽다면...

그렇게 느껴져도 괜찮아요. 말씀드렸잖아요. 저도 30대, 그것도 후반에 들어가서야 이런 질문들과 비로소 마주하게 되었다고. 우선은 여러분의 마음이 가는 대로 지내보세요. 이런 질문을 하기까지 '숙성'의 시간이 필요할 수도 있고, 분명 앞으로 이런 질문과 마주하게 될 때가 있을 거예요. 그때 피하지 않고, '아, 이제 내게 질문의 때가 왔구나' 하고 알아차리기만 하면 됩니다. 그때 이 책에서 제시한 질문들이 여러분에게 도움이 되면 좋겠습니다.

나에게 가장
중요한 것은 무엇일까요?

2주 뒤 우리는 다시 만났습니다.

"4년간 일한 직장에서 긍정적 경험이라고 느껴지는 것이 무엇이었는지 생각해봤어요."

현아는 한숨을 크게 쉬었습니다.

"결론부터 말하면 코치님이 기대하는 답이 없을 수도 있을 것 같아요."

"제가 뭘 기대한다고 생각했길래 그래요?"

"글쎄요. 아마도 코치님은 회사에서 한 일, 특정 프로젝트에서 제가 긍정적 경험을 한 것이 무엇이었을지를 기대했을 것 같아요."

저는 명확히 짚고 넘어가야겠다고 생각했습니다.

"어쩌면 제가 그런 대답을 기대했다고 생각했을 수도 있겠네요. 하지만 제가 기대하는 것이 중요한 것이 아니에요. 현아 님이 자신에게 기대하는 것이 무엇인지가 지금은 더 중요하지요. 그러니 아무 걱정 말고 그냥 느낀 대로 이야기하는 것이 좋을 것 같아요. 나 자신과 대화한다고 생각하면서요."

"지난번 코치님과 헤어지고 집에 가면서부터 이 질문에 답하는 것이 쉽지는 않겠다 싶었어요. 그리고 2주 넘게 곰곰이 생각해봤는데, 결론부터 말하면 회사 일을 하면서 긍정적이고 보람 있고 에너지가 넘쳤던 적이 그리 많지는 않았어요. 아니, 정확히 말하면 없었다고 하는 것이 맞을 것 같아요. 그렇다고 모두 부정적이었다는 뜻은 아니에요. 그냥 고만고만했달까요? 아주 솔직하게 말하면, 회사가 제공하는 나쁘지 않은 월급이 그나마 제게는 긍정적이었던 것 같아요."

"그건 누구에게라도 중요하지요."

"그리고 또 생각해본 것은 지난번 말한 것처럼 영업 일을 하면서 사람의 심리에 대해 관심이 생겼다는 것? 심지어 대학원에 가볼까 고민할 정도로요."

"그것도 충분히 긍정적인 경험이라고 말할 수 있겠네요. 직장 경험에서 새로운 관심사를 발견하게 된 것이니까요."

"그리고 지금 괜찮은 직장을 다니고 있으니까, 지난번 스타트업처럼 나에게 새로운 기회를 제안하는 사람이 있었다는 것?"

"그래요. 제가 오늘 대화에서 기대한 것은 그것이 직장 안의 일이었든 그로 인해 생긴 또 다른 경험이었든 현아 님이 질문하고 스스로의 답을 찾아보는 것이었어요."

"근데 코치님, 제가 궁금한 것은 그다음이에요. 지난 4년간의 직장 생활에서 이런 경험을 해왔고, 그나마 생각한 긍정적 경험이 이런 것인데 이를 가지고 내가 무슨 결정을 할 수 있을까요? 앞으로 나아간다는 느낌이 들지 않아서요…."

"지금 '무슨 결정을 할 수 있을까'라는 말을 했는데, 무엇에 대한 결정일까요? 결정을 해야 한다고 느끼는 것은 내가 질문을 갖고 있다는 말이어서 그래요."

"예를 들어, 이 직장을 앞으로도 계속 다녀야 할까라는 질문이 있다고 가정했을 때, 지금 내가 긍정적 경험을 생각해본 것이 무엇에 도움이 되는 걸까요?"

"좋아요. 그럼 그 직장을 계속 다녀야 하는지를 놓고 오늘 이야기를 풀어가볼까요? 그 직장을 계속 다녀야 할지에 대한 답을 찾기 위해서는 일단 한발 물러나서 나에게 중요한 것이 무엇인지를 살펴보는 것이 좋을 것 같아요. 현아 님은 이미 지난 2주 동안 직장에서의 경험을 살펴보면서 무엇이 긍정적 경험이었는지 말해주었어요. 어떤 것이 긍정적이었는지 혹은 아니었는지를 생각한 데는 분명 자기만의 기준이 작동했을 거예요. 중요하게 생각하는 요소들이 있었겠지요. 그걸 돌아보면서 이야기를 시작해봅시다."

"우선 확실한 것은 경제적인 조건은 제가 직장을 선택하는 데 중요한 기준이에요. 반면에 내가 사람들이 알아주는 회사에 다니고 있다는 것은 싫지는 않지만, 정말 중요할까 싶어요. 알려지지 않은 스타트업이라도 관심 있는 사업 분야라면 괜찮을 것 같아요."

"회사의 이름값보다는 그 사업 분야에 대한 나의 관심이 더 중요하다고 생각하면 될까요?"

"맞아요. 그리고 여기에서 일하면서 심리학에 관심을 갖게 된 것은 사실이지만, 꼭 영업 일과 관련이 있지는 않은 것 같아요. 더 큰 부분은 회사 내부에서 그런 부분을 충족시켜줄 프로그램이나 멘토가 될 만한 사람이 없다는 거예요."

"지금 중요한 이야기를 한 것 같은데, 어떤 기준일지 정리해서 표현해본다면 무엇이 될 수 있을까요?"

"말하면서 정리가 되는 것 같은데, 똑똑하고 배울 만한 상사가 있는지가 중요하다는 생각을 하게 되네요."

"현아 님이 직접 경험한 것을 바탕으로 3가지 일과 관련된 기준을 알려주었어요. 적절한 월급 수준, 회사의 이름보다는 내 관심사와 맞는 사업 분야, 그리고 배울 만한 상사. 이렇게 정리가 되는 걸까요? 더 추가하거나 할 것이 있어요?"

"그 정도면 충분한 것 같아요."

"그럼 3가지 사이에 우선순위가 있을까요?"

"글쎄요. 최소한 현재 연봉 수준이거나 그 이상이라면, 나머지 2가지는 비슷할 것 같아요."

"그 말은 나머지 2가지가 충족되더라도 연봉이 맞지 않으면…."

"네. 그건 좀 힘들 것 같아요."

"그럼 지금 말해준 3가지 기준을 떠올리면서 아까 질문으로 돌아가보지요. 지금 회사를 계속 다녀야 할지 말지를 3가지 기준을 놓고 생각해보면 어때요?"

"연봉은 맞지만, 나머지 2가지는 저와 잘 맞지 않는 것 같아요."

"그럼 지난번 만났을 때 말했던 카드에 3가지 기준을 적용해보면 어때요?"

"영업은 어느 정도 맞지만 제약 분야가 아닌 다른 분야에 더 관심이 있는 것 같아요. 스타트업은 관심 분야는 맞는 것 같은데, 연봉 수준이나 어떤 사람과 일할지는 아직 알 수 없고, 심리학 공부는 직장을 쉬면서 그렇게 하기는 현재로서는 쉽지 않을 것 같아요."

"심리학 공부를 한다는 카드는 회사를 그만두고 공부하는 것으로 생각하고 있나요?"

"맞아요. 회사 다니면서 공부하는 것이 생각만큼 쉽지는 않을 것 같아요."

"그럼 3가지 기준을 놓고 볼 때 다른 카드들은 어떤가요?"

"그러고 보니 일단 스타트업의 기회를 좀 더 알아보는 것이 좋겠다는 생각이 드네요. 나아가서 그 스타트업 말고 다른 곳에 기회가 있는지 적극적으로 알아볼 수도 있을 것 같아요."

"오호. 그럼 카드가 더 늘어날 수도 있겠네요. 지금 직장에 있는 것과 다른 카드들을 현아 님이 생각하는 기준으로 놓고 생각해보았어요. 그렇다면 이제 해야 하는 것은 무엇일까요?"

Coaching Note

나를 인터뷰하기[54]

우리는 생각보다 인터뷰를 많이 합니다. 제품 개발 과정에서 소비자를 이해하기 위해 조사 담당자를 고용해 심층 인터뷰를 진행하지요. 팀원을 뽑을 때 때로는 한 번의 인터뷰만으로는 결정이 나지 않아서 몇 차례 더 인터뷰를 하거나 동료에게도 인터뷰를 부탁하여 의견을 나누기도 합니다. 직원들이 회사에 잘 적응하고 있는지, 조직문화에 대해 어떻게 생각하는지 알아보기 위해 내부 인터뷰를 진행하기도 합니다. 이처럼 중요한 의사 결정을 앞두고 무엇인가를 깊이 이해하고 싶을 때, 인터뷰라는 방법을 사용합니다.

"나도 내가 뭘 하고 싶은지 잘 모르겠어요." 진학을 앞둔 청소년의 고민이 아닙니다. 30~40대 직장인들 중에서 이런 고민을 갖고 있는 사람들을 어렵지 않게 접할 수 있습니다. 많은 사람들이 '이렇게 살아도 될까?'라는 질문을 가끔씩 생각해보게 됩니다. 이직·퇴직을 해야 할지, 창업을 해야 할지, 무엇인가 새로 배워야 할지 등등의 고민입니다. 이런 질문은 각자 처한 상황이 다르기 때문에 하나의 정답이 존재하지 않지요.

이때가 인터뷰가 필요한 시점입니다. 나와의 인터뷰 말입니다. 좋은 인터뷰에는 짧지만 핵심을 찌르는 질문이 있고, 그에 대한 답변을 하는 과정에서 새로운 생각과 아이디어가 꼬리를 물며 이어지지요. 내가 무엇을 하고 싶은지 나를 이해하고자 할 때 우리에게 필요한 것은 외부 강연이 아닙니다. 노트를 펴고 내가 나와의 인터뷰에서 물어야 할 질문이 무엇인지를 적어가야 합니다.

일간지 기자로 25년간 성공적인 커리어를 쌓다가 갑자기 마음을 바꿔 영국의 작은 마을에 들어가 전업 작가가 된 새라 본 브래넉은 매일 2~3쪽씩 생각해볼 질문과 생각들을 적어나갔습니다. 이 기록들이《행복의 발견 365》[55]라는 책으로 발전했고, 무려 700만 부가 팔린 베스트셀러가 되었습니다. 그는 "변화를 원한다면 스스로에게 끊임없이 질문하라"고 조언하면서 "얼마나 자주 당신은 그저 묻는 것이 두렵다는 이유로 그동안 해결하지 못한 온갖 질문들을 가슴에 묻어둔 채 외면했는가?"라고 묻습니다. 나 자신과의 인터뷰 질문지에는 그렇게 '묻어둔' 질문들을 끄집어내야 합니다. 그 작업은 다른 이의 도움을 받더라도 결국에는 자신이 제일 잘할 수 있습니다.

Q14. 나에게 가장 중요한 것은 무엇일까요?

이런 질문들을 끄집어내고, 스스로 묻고 답하는 과정은 쉽거나 마음이 편하지만은 않습니다. 예를 들어 브래넉이 던지는 질문 "당신은 남은 인생을 위해 무엇을 하고 있는가?" 혹은 "생각만 해도 가슴 뛰는 꿈이 있는가?"라는 질문과 마주하고 나면 머리가 멍해지거나 말문이 막히곤 합니다. 하지만 질문을 피하게 되면 내 마음속 욕망을 이해하는 작업도 물 건너가게 됩니다. 이 질문들을 붙잡고 몇 개월에서 몇 년을 묻고 또 물어야 할지도 모릅니다. 시장에서 몇 년 판매할 제품을 위해서도 수많은 인터뷰를 하는데, 평생 안고 살아가야 할 내 삶을 위해 어떻게 한두 번의 인터뷰로 답을 얻을 수 있을까요?

"고민도 많이 하고 노력하는데 잘 찾아지지 않아요." 혹시 강연이나 책 등 외부에서만 답을 구하려 하지 않았나요? 물론 전문가의 상담이나 진단 도구 등을 활용하여 자신을 파악하는 데에 도움을 받을 수 있습니다. 하지만 자기 자신과의 깊이 있는 대화 없이 남의 이야기만 들어서는 내가 원하는 것을 찾을 수 없습니다. 코칭 대화의 핵심은 조언을 듣는 것이라기보다는 전문가와의 대화를 통해 자기 자신과 보다 깊이 있게 만나고 대화하는 것입니다.

제가 'What do you want?'라는 질문을 통해 하루하루 원하는 곳에 시간과 에너지를 쓰고 있는지 스스로에게 물어보는 이유도 지속적으로 제가 만들어가고 싶은 삶을 찾기 위한 것입니다.

자신의 욕망을 이해하기 위해서는 3가지가 필요합니다. 하나는 나에게 던져야 하는 물음이 담긴 질문지, 그리고 물음과 마주하여 스스로 답변해보는 혼자만의 시간, 그리고 답변하며 떠오른 생각들이 날아가지 않고 축적되고 새로운 아이디어로 연결될 수 있는 기록. 질문, 시간, 기록이라는 3가지 도구를 갖고 나를 인터뷰해보길 바랍니다.

나를 위한 인터뷰 질문지 만들기 좋은 때가 언제냐고요? 투자와 똑같아요. 오늘이 제일 좋을 때입니다! 내일보다 더 좋은 때가 오늘이고 지금이에요. 바로 지금 여기에서 말이지요!

Q14. 나에게 가장 중요한 것은 무엇일까요?

내가 무엇을 원하는지 잘 모르겠다는 분들께는 아래 3가지 질문을 차례
대로 물어볼 것을 권합니다.

✓ 나는 스스로에게 질문을 던지고, 자신과 마주하여 대화하면서 살
고 싶은가?

_____

_____

_____

_____

_____

✓ 만약 질문을 던지고 자신과 대화하는 삶을 살아보고 싶다면 우선
내가 '경험'한 분야에서 긍정적이었던 경험은 무엇인가?

_____

_____

_____

_____

_____

_____

✅ 위의 질문에 답한 것을 돌아볼 때, 내가 긍정적 경험이라고 생각하게 만든 기준들이 무엇이었는가? 3가지 정도를 생각해보자.

_____

_____

_____

_____

_____

아직 이 질문들이 부담스럽다면...

알람 시계를 5분 뒤로 맞추어놓습니다. 스마트폰의 카메라로 내 얼굴을 찍을 수 있도록 해놓고 (혹은 거울을 보아도 좋습니다) 5분 동안 나 스스로를 마주 보면서 있어보세요. 알람이 울리기 전까지는 절대로 다른 곳을 보지 않습니다. 우리는 흥미를 느끼는 다른 사람의 강연이나 동영상을 몇십 분 동안 시간 가는 줄 모르고 보지만, 정작 나를 마주하고 5분 동안 있기는 쉽지 않습니다. 세수나 화장을 하기 위해 바라보는 것이 아니라 아무것도 하지 않은 채로 오롯이 내 얼굴을 마주 보는 경험을 말이지요. 이렇게 자신의 얼굴을 5분 동안 쳐다보다 보면 무엇인가 하고 싶은 말이 생기거나 나누고 싶은 질문이 생길 수 있습니다. 일단은 여기까지 한번 해보시면 어떨까요?

인생에 질문이 반드시
필요한 이유[56]

———————————————————————❞—

질문을 꼭 하면서 살아야 할까요? 내가 원하는 것을 잘 모르겠다는 30대 초반 현아의 이야기를 접하면서 40대 혹은 50대 독자분들 중에서도 여전히 현아처럼 느끼시는 분들이 있을 것 같습니다.

내가 다른 사람들보다 더 늦은 것 아닐까, 아니 돌이킬 수 없을 만큼 늦은 것은 아닐까 하고 초조한 마음이 들 수도 있습니다. 하지만, 이건 저 스스로에게도 하는 말이지만, 남과 비교하기보다 어제의 나와 비교해서 오늘부터라도 더 나은 현재와 미래를 만들어가면 됩니다. 후회만 하면서 어제와 똑같은 오늘을 만들기보다는 말이지요.

사람은 누구나 자기만의 사전을 만들어야 하는 시점이 옵니다. 물론 그 시점을 지나서 만드는 사람도 있고, 영영 만들지 않는 사람도 있을 것입니다. 그렇게 느끼게 되는 시점은 보통 삶에서 길을 잃은 것 같은 느낌이 들 때입니다. 직장인 대부분은 조직과 상사가 만들어놓은 방향으로 열심히 달리며 '올라가려고' 합니다. 하지만 어느 순간 그 길이 내 길이 아닌 것 같거나 더 이상 그 길을 걸을 수 없을 것 같은 느낌이 들 때, 길을 잃은 상태가 됩니다.

유쾌한 느낌은 아니지만, 실은 그 안에는 새로운 기회가 숨어 있습니다. 바로 그동안 자신에게 묻지 않던 질문을 던지고 답하는 과정을 통해 자기만의 사전을 만들 기회 말이지요. 그런데 자기가 만든 사전이라니, 무슨 뜻일까요?

예를 들어보지요. 여러분이 한 주를 시작하는 요일은 언제인가요? 얼마 전 한 그룹을 대상으로 설문을 해봤습니다. 절대 다수가 월요일을 꼽았습니다. 직장에서 한 주를 시작하면서 주간 회의를 하는 날이 월요일이기 때문일 겁니다. 하지만 이런 질문을 같이 던져봅시다. 한 주의 시작이 꼭 월요일이어야 할까요? 만약 내가 원하는 요일로 한 주의 시작을 정할 수 있다면 그래도 월요일일까요? 실제 저는 한 주를 금요일에 시작하기로 한 지 꽤 되었습니다. 지금 이 부분의 원고를 미국 보스턴의 한 호텔에서 적고 있는데요. 책상 바로 옆에는 보라색 노트가 놓여 있습니다. 매주 목요일 저녁이면 저는 빈 노트에 7개로 칸을 나누어, 금요일부터 시작하여 다음 주 목요일로 끝나는 페이지를 만듭니다. 그런 순서로 만들어진 다이어리를 찾을 수 없었기 때문입니다.

한 주의 시작인 월요일을 좋아하는 사람은 많지 않습니다. 과거의 저도 그런 사람 중 하나였습니다. 반면 금요일은 대다수 사람들이 좋아합니다. 저 역시 그랬습니다. 그래서 기왕이면 한 주의 시작을 신나는 날로 정해보고 싶었습니다. 이렇게 정하고 나자 작은 변화들이 있었습니다. 목요일 저녁이면 한 주를 돌아보고 새로운 주를 계획하게 된 것입니다. 한 주를 마무리하는 목요일과 새로 시작하는 금요일 사이에 휴일이 없는 대신, 금요일에 한 주를 시작해 하루 일한 뒤, 이틀 동안 쉽니다.

사전에는 이것만이 아니라 각자가 중요하게 생각하는 다양한 항목을 포함시킬 수 있습니다. 예를 들어 앞에서 '리치'와 '웰스'의 차이에 대해 이야기했지만, 제 사전에 '부자'란 돈의 부자와 시간 부자 사이에서 균형을 잡는 것을 뜻합니다. 돈을 버는 궁극적인 이유는 재정적 독립을 통해 시간의 자유를 얻기 위한 것입니다. 돈을 많이 벌어도 시간을 내가 원하는 대로 사용할 수 없다면 적어도 저의 사전에서는 부자가 아닌 것이지요. 남이 내가 가진 자산의 규모를 보고 부자라고 평가하든 말든 그것은 제 사전에서는 중요하지 않습니다. 남들이 정한 정의를 꼭 따라야 할 이유도 없고, 그러고 싶지도 않기 때문입니다.

또 다른 항목인 신체적 건강을 살펴볼까요? 첫째, 다른 사람에게 도움이 되고, 그 대가로 경제생활을 할 수 있는 코칭이나 워크숍을 문제없이 진행할 수 있는 상태를 말합니다. 둘째, 시차가 6시간 이상 나는 곳을 무리 없이 여행하며 즐길 수 있고, 목공을 할 수 있을 정도의 근력이 유지되는 상태입니다. 셋째, 책을 읽을 수 있는 시력과 대화를 원활히 할 수 있는 청력이 유지되는 상태입니다. 넷째, 좋아하는 위스키 한 잔을 일주일에 한 번 정도 즐길 수 있는 상태입니다. 맛있는 음식을 즐길 수 있게 치아와 소화기관이 건강한 상태죠. 신체적 건강과 별도로 마음의 건강은 사전에 따로 정의해놓았습니다.

자기만의 사전을 어떻게 만들어야 할까요? 우선 자기 삶을 만들어가는 데에 중요한 항목들을 골라냅니다. 한번은 정약용 도서관에서 강연을 하면서 참석자들에게 각자 사전에 포함시키고 싶은 항목을 물어보았을 때 다음과 같은 항목이 나왔습니다.[57] 성장, 건강, 가족, 배려, 놀이, 가능성, 교양, 행복, 반려자 찾기, 아이들, 발견, 도움, 재미 등등.

그다음 단계가 중요한데요. 바로 스스로에게 질문을 던지는 단계입니다. 각각의 항목이 자기 삶에 어떤 의미를 갖고 있는지, 왜 중요하며, 무엇을 원하는지, 지금까지 그 항목과 관련된 최고의 경험은 무엇이었는지, 앞으로 삶에서 어떤 경험을 만들어가고 싶은지를 자신의 경험과 상황 속에서 돌아보며 자기만의 생각을 구체적으로 정리해나갑니다. 사전 속의 정의는 조금씩 변화하고 발전해나갑니다.

이런 과정을 통해 저는 제가 하는 코칭 사업을 '보다 나은 질문을 통해 고객이 더 나은 의사 결정을 하도록 돕는 것'이라고 정의했습니다. 그리고 나자, 제가 어떤 방향으로 길을 더 만들어가야 할지가 명확해졌고, 중요한 투자 결정을 할 수 있었습니다.

누구에게나 자기만의 사전이 필요한 시점이 오지만 모든 사람이 사전을 만들지는 않습니다. 남이 아닌 스스로의 길을 만들고 싶다면, 30대든 40대, 50대 혹은 그 이후든 자기만의 사전은 필요합니다.

이 책의 첫 출발점은 의사 결정에 대한 것이었어요. 당시 가제는 '결정노트'였습니다. 처음부터 이 원고에 관심을 갖고 책을 내자고 하던 출판사는 계약을 앞두고 못 하게 되었다고 통보해왔습니다. 당연히 실망스러웠습니다. 아이디어가 구체적으로 잡히고 원고가 어느 정도 진척된 상태였기 때문입니다. 하지만 앞서 이 책에 썼듯이 일이 뜻대로 되지 않을 때 알아차려야 합니다. 이것이 또 다른 기회의 시작일 수 있다는 것을. 해보지 않던 생각을 새롭게 하는 계기가 될 수 있다는 것을.

그렇게 저는 원고를 들고 푸른숲 김수진 부사장과 김교석 편집장을 만나 이야기를 나누기 시작했습니다. 2022년 3월 즈음이었습니다. 때론 식사를 하며, 때론 커피와 함께 주로 합정역 근처에서 만났습니다. 원고를 갈아엎기 시작했는데, 처음엔 어디로 갈지 종잡을 수 없었습니다.

2023년 3월 미국 캘리포니아로 출장 가는 비행기 안에서 지금 여러분이 읽고 계시는 책의 토대가 되는 아이디어가 떠올랐고, 그것이 발전되어 삶과 일, 관계에서 의사 결정을 돕기 위한 코칭 질문과 대화로 이어졌습니다. 책이 2024년 4월에 나오게 되니 이 책의 원고는 세 번의 봄을 거치며 운명이 바뀌어 탄생하게 된 셈입니다.

거절당한 원고의 가능성을 보아준 김수진 부사장과 김교석 편집장, 원고에 대해 때론 과감하게, 때론 꼼꼼하게 의견을 제시해준 곽세라 편집자에게 고마운 마음 전합니다. 아! 이분들의 이름이 이 책 전반부에 등장하는 인물의 가명으로 나옵니다. 물론 책에 쓴 상황과 이분들과 직접적인 관련성은 전혀 없습니다. 이 책의 디자인을 맡아준 한승연 디자이너, 백윤진 마케터 등 푸른숲 팀에게도 고마운 마음 전합니다.

이 책에 포함된 일부 원고를 쓰고, 업데이트하는 과정에서 여러분들과 인터뷰를 했고 이분들께서는 실명으로 나가는 것을 허락해 주셨습니다. 김성필(MSD 아태지역 항암제 사업부 총괄 임원), 박성환(부산 각바 대표), 서민정(미술 작가), 신두란(고마워서그래 대표), 이승민(코치, 커뮤니티 빌더), 이승우(전 길리어드사이언스 코리아 대표), 이윤경(대학내일 인재성장팀장), 이윤정(심리상담가), 이준우(퇴사 스터디 리더), 조희연(노을 마케팅 커뮤니케이션 리더), 최재연(길리어드사이언스 코리아 대표). 그리고 이 책에 포함된 일부 원고를 게재할 기회를 주었던 〈동아일보〉 오피니언팀, DBR, 얼룩소, 그리고 폴인 편집진에도 감사 인사 전합니다. 로열티 컨트랙트 개념을 제시한 심리학자로서 이번 원고

작성을 위해 직접 저와 대화를 나눠준 지아노티 박사에게도 고마운 마음 전합니다.

삶과 일에서 결정을 할 때 특히 뇌에서 엄청난 에너지를 소모하게 됩니다. 짜장면을 먹을지 짬뽕을 먹을지 고민하는 선택과 달리 결정이란 한 단계 더 깊숙이 들어가며, 더 복잡하고, 위험과 불확실성을 포함한 선택을 말합니다. 예를 들어, 전공이나 직업을 무엇으로 할지, 이직이나 퇴직을 할지, 누군가와 진지한 관계를 시작할지 끝낼지 등등.

갖고 있던 주식 A를 팔아 B를 샀을 때, 그 이후 A와 B의 주가를 모두 알 수 있지요. 이런 경우, 양쪽 선택의 결과를 모두 알 수 있고, 우리는 비교할 수 있습니다. 하지만 살면서 하는 많은 결정은 내가 버린 '카드'(선택 혹은 결정)의 결과가 어떻게 되었을지 알 수 없습니다.

30대 초반의 워킹맘인 A는 아이를 갖게 되면서 직장을 옮겼습니다. 새로운 직장은 자신이 커리어로 개발하고 싶은 분야는 아니지만 회사 조직문화도 좋고, 시간도 여유롭게 쓸 수 있어서 아이를 키우는 입장에서 만족스러웠습니다. 그런데, 또 다른 기업에서 자신이 꼭 맡고 싶었던 역할을 주겠다면서 이직을 제안했습니다. 가고 싶은 마음도 있지만, 이직을 하게 되면 근무 시간이 더 길어질 상황이었고, 육아에도 여러 어려움이 있게 될 것 같아서 고민이었습니다.

A는 하나의 질문에 집중했습니다. 그가 이 결정에서 정말 원하는 것이 무엇인지. 그에 대한 자신의 답을 찾고 나자 결국 이직을 택했죠. 이직 후 어려운 점도 있겠지만 그는 영업 분야에서 좋은 실적을 쌓았고, 현재는 또 새로운 도전을 준비하고 있습니다.

의사 결정을 잘한다는 것의 의미가 무엇일까요? 단지 결과가 좋은 것을 뜻할까요? 저는 그렇게 생각하지 않습니다. A가 이직을 하지 않았을 경우 전 직장에서 어떤 다른 좋은 결과가 펼쳐졌을지 알 수 없습니다. 결정을 잘한다는 것은 그 결정에서 자신이 원하는 것이 무엇인지에 대해 나름의 답을 갖는 것을 뜻합니다. 자신이 원하는 것이 무엇인지도 모른 채 기준도 없이 결정을 하게 되면 후속 상황에 따른 후회만 남을 수 있습니다.

하지만 우리가 때때로 놓치는 정말 중요한 것이 있습니다. 의사 결정을 잘한다는 것의 또 다른 의미는 더 나은 의사 결정을 '지속적으로' 이어간다는 점입니다. 때로 우리는 속상한 상황에 처하게 됩니다. 그것은 내 결정 과정에 실수가 있어서 그랬을 수 있고, 또 내가 통제할 수 없는 상황이 벌어져서 그럴 수도 있습니다.

30대 중반의 B 팀장은 이직을 결정하여 새 회사에 갔지만, 상사가 매우 비합리적인 업무 스타일을 갖고 있어서 스트레스로 인해 몸과 마음이 모두 상하는 지경에 이르렀습니다. 자신이 할 수 있는 조치를 취해 보았지만, 상황은 나아지지 않았죠. 이미 한 결정을 되돌릴 수는 없었지만, 그는 그 상황에서 자신이 원하는 것이 무엇일지를 고민했고, 결국 회사를 떠나기로 했습니다. 다행히 그는 새로운 직장에서 좋은 기회를 갖고 만족하게 일하고 있습니다.

결정과 관련해 제가 안타깝게 생각하는 것이 있습니다. 현재 상황은 분명하게 보이지만, 결정을 통해 변화했을 때 모습은 명확히 볼 수 없죠. 어떤 사람들은 변화가 필연적으로 갖고 있는 위험과 불확실성 때문에 고민만 하면서 결정을 미룹니다. '최악'의 결정이란 결정을 아예 하지 않고 시간을 끄는 것입니다.

때로 우리는 결정을 미룬 채 위험을 '관리'한다고 생각하지만, 혹시 위험을 마냥 '미루고' 있는 것은 아닌지 다시 생각해볼 필요가 있습니다. 의외로 언젠가 해야 할 결정을 계속해서 미루는 경우를 어렵지 않게 볼 수 있기 때문입니다.

왜 우리는 결정을 미룰까요? '과연 이렇게 하면 될까?' 혹은 '이렇게 결정했다가 실패하면 어떡하지?'라는 불안감 때문입니다. 지극히 자연스러운 과정인데요.

《돈의 심리학》 저자 모건 하우절은 장기 투자에 대한 복리의 혜택을 누리려면 변동성에 대한 공포나 걱정을 견뎌야 하는데, 어떤 투자자는 이러한 불확실성을 벌금^{fine}으로 생각하기 때문에 중간에 장기 투자를 포기하게 됩니다. 반면 어떤 사람들은 이러한 불확실성을 복리로 인한 수익을 얻기 위한 입장료^{fee}로 바라보기 때문에 흔들리지 않고 장기 투자로 인한 수익 창출에 성공한다는 것입니다.

타인이 주거나 시키는 일만 하면서('패키지 여행'으로서의 삶) 자신이 무엇을 원하는지조차 모르는 상태가 되는 것이 아니라 나의 성장을 만드는 일이 무엇인지 적극적인 시도와 실험을 통해 찾아보는 것, 나를 작게 만드는 관계에 순응하면서 지내기보다 나의 세계를 확장하는 관계를 새롭게 만들고 용기를 내어 그렇지 않은 관계와 거리를 두는 것, 타인의 욕망을 쫓아가며 남을 따라가거나 이기려는 것이 아니라 자신안의 욕망을 솔직히 바라보고 자기만의 길을 걷는 것('자유 여행'으로서의 삶).

이러한 시도 속에서 불안감과 불확실성은 '벌금'이 아닌 '입장료'일 뿐입니다. 이를 예외적인 현상이 아닌 기본적인 조건으로 받아들여야 자기만의 성장을 만드는 직업을, 자기 세계를 확장하는 관계를, 그리고 자기 욕망에 솔직하고 건강한 나만의 길을 만들어갈 수 있습니다.[59]

저를 포함해 많은 분들이 어린 시절 부모와 교사, 성인이 되어서는 회사와 상사가 짜준 '패키지 여행'에 익숙한 삶을 살아왔습니다. 이 여정에서는 하나의 질문만이 중요합니다. "What do they want?"

만약 여러분이 '자유 여행'을 떠나시길 바란다면 남들이 제공하는 해답이 아니라 자기만의 질문과 마주해야 합니다. 일과 나, 타인과 나, 그리고 내 안의 욕망과 나 사이에서 내가 원하는 것이 무엇인지 묻고 그에 대한 가설을 세우고, 시도를 통해 자기만의 길을 만들어갈 때 우리는 진정 내게 필요한 변화를 시작하거나 끝내거나 혹은 유지하는 결정을 해낼 수 있습니다.

What do you want? 이 순간 여러분은 무엇을 원하나요?

미주

1 "The Rich And The Wealthy"(Morgan Housel, Collab Fund, https://collabfund. com/blog/the-rich-and-the-wealthy)

2 이적의 인스타그램(@jucklee, 2023.4.3. 포스팅)

3 "People don't resist change they resist being changed." Borwick, I. (1969). Designing Training Programs: Parity or Parody? Human Resource Management, 8(4), 40.

4 2023.6.1. 문요한 작가와 점심식사를 함께하고 티타임을 하면서 나눈 이야기다.

5 "'매일 24만 원씩' 입금되는 시간자본"(김호, 〈동아일보〉, 2023.5.10.)에서 가져와 수정한 것이다.

6 《기러기》(메리 올리버 지음, 민승남 옮김, 마음산책, 2021) 140-141쪽.

7 "Steve Jobs said your overall happiness in life really comes down to asking 4 simple questions"(Marcel Schwantes, Inc., 2023.2.20.) 참조.

8 이는 구본형 작가가 '나를 찾아 떠나는 여행'에서 던진 질문에서 가져온 것으로 바로 뒤의 코칭노트에 상세하게 설명해놓았다.

9 대부분 이루었다는 것이 과연 어느 정도인지 궁금해할 독자들이 있을 것 같다. 이 책을 쓰면서 당시의 '10대 풍광'을 다시 살펴보았다. 정확히 말하면 10가지 장면을 쓴 그대로 다 이루었다고 말할 수는 없어도 10가지 장면의 방향으로 모

두 진전을 이루었다는 것은 확실하다. 예를 들어, 세 번째 장면은 'My Voice', 즉 "나의 목소리를 찾기 위해 10년(2007-2017) 동안 300권의 책을 읽고 다섯 권의 책을 썼다"라고 적었는데, 2017년 시점을 돌아보면 쓴 책은 공저 포함 네 권이고, 옮긴 책은 두 권이었다. 책 300권은 읽었지만, 그중에서 고전 독서가 부족했던 것은 아쉬움으로 남는다. 네 번째 장면은 'My private library and house'였다. 2007년에는 집을 짓는 생각을 했다. 하지만 나는 여전히 아파트에 살면서 2016년 월세를 내는 공간에 목공소와 서재를 만들었고, 이 책을 마무리하던 2024년 2월 중순, 또 다른 아름다운 공간에 월세를 내고 책 2,000여 권이 들어가는 책장을 넣은 목공소를 만들어 이사했다.

10 "Assessing and Scaffolding Make-Believe Play"(Deborah J. Leong and Elena Bodrova, 〈Young Children(January 2012)〉 by the National Association for the Education of Young Children) 28-34쪽.

11 "Rules of the Game: If you are not having fun, you are playing someone else's game." Luce, Carolyn Buck. 《EPIC!: The Women's Power Play Book》(Lioncrest Publishing. Kindle Edition) 49쪽.

12 '희생자'에서 '창조자'로의 변화는 스티븐 카프먼이 제안한 '드라마 삼각형'과 데이비드 에메랄드의 '임파워먼트 다이내믹'에서 제안된 내용이다.

13 "늙어서 깨달으면 큰일나! 젊은이는 늙고 늙은이는 죽어요"(셀레브, https://www.youtube.com/watch?v=Q2BHEQpZAMs)

14 《위쪽으로 떨어지다》(리처드 로어 지음, 이현주 옮김, 국민북스, 2018) 231-232쪽.

15 같은 책 73쪽.

16 《Oxford Dictionary of English Etymology》 (Oxford University Press, 1966) 229쪽.

17 《Cards against anxiety》 (Dr. Pooky Knightsmith, Quarto Publishing, 2020)

18 본 코칭노트 내용 중 일부는 "무엇이든 시작하고, 작게라도 만들어보라"(김호,

〈동아일보〉, 2022.5.11.)에서 가져와 편집했다.

19 밀리언셀러《설득의 심리학》을 쓴 사회심리학자 로버트 치알디니 박사는 이러한 현상을 '일관성의 원칙'으로 설명했다.

20 워너가 구글에서 한 강연 동영상 "Talks at Google: Effortless Mastery: Liberating the Musician Within" 참조.

21 《마인드셋》(캐럴드웩 지음, 김준수 옮김, 스몰빅라이프, 2023) 37쪽 재인용.

22 "'스트리트 위즈덤' 캠페인을 아시나요"(김호, 〈동아일보〉, 2023.7.4.)를 수정했다.

23 문요한 작가와의 개인 대화(2023.6.1. 여의도) 중에서.

24 존 달리(John M. Darley)와 대니얼 뱃슨(Daniel Batson)이 한 연구 "From Jerusalem to Jericho: A study of situational and dispositional variables in helping behavior"(Journal of Personality and Social Psychology, 1973: 27, 100-119)의 주요 내용이다.

25 기본적 귀인 오류라는 개념을 처음으로 제시한 사람이《사람일까 상황일까》의 저자 중 한 사람인 리 로스(1942-2021) 전 스탠포드대학교 심리학과 교수이다.

26 "그는 바뀌지 않는다. 그를 대하는 내 방식만 바꿀 수 있다"(김호, 서울대 교수를 위한 정신건강 토크콘서트, 2023.2.15.)

27 《Embracing Therapeutic Complexity: A Guidebook to Integrating the Essentials of Psychodynamic Principles Across Therapeutic Disciplines》(Patricia Gianotti, Routledge, 2022)

28 지아노티 박사와 로열티 컨트랙트에 대한 대화는 2023.4.27.과 2024.1.11.에 버추얼로 진행되었고 그 사이에도 이메일로 몇 차례 의견을 주고받았다.

29 "커리어 장벽에 부딪혔을 때의 선택"(김호, 〈동아일보〉, 2021.7.7.)에서 가져와 일부 수정했다.

30 "Fairy tales and script drama analysis"(Karpman, S., 〈Transactional Analysis Bulletin〉, 7(26), 39-43, 1968)

31 《The power of TED: The empowerment dynamic》(D. Emerald, Polaris Publishing, 2016)

32 2023년 5월 경제활동인구조사: 고령층 부가조사 결과(통계청, 2023.7.25.)

33 김성필에 대한 내용은 "상사가 '투자자'라면 나의 '투자 매력도'는"(김호, 〈동아일보〉, 2024.2.13.)에서 다룬 것을 가져와 일부 수정했다.

34 박성환 대표 관련 내용은 "전직하려는 40대에게 묻는 6가지 질문"(김호, 〈동아일보〉, 2022.10.26.)에서 가져와 일부 수정했다.

35 이 사례들은 "내 안의 '황금씨앗'을 찾으라"(김호, 〈동아일보〉, 2023.1.18.)에 실었던 것을 가져와서 일부 수정하였다.

36 "커리어 피버팅 어떻게 해야 하나: N잡러 - 부캐같은 방식으로 피버팅 첫발 - 직장과 나를 상하 아닌 '교환' 관계로 봐야"(김호, 〈DBR〉 No.313, 2021.1., 62-69쪽)와 더랩에이치 뉴스레터에 쓴 글을 일부 발췌 및 수정했다.

37 Hypothesis-Driven Entrepreneurship: The Lean Startup(Thomas Eisenmann, Eric Ries, and Sarah Dillard, Harvard Business School 9-812-095, July 10, 2013)

38 "When to make a career pivot"(Jenny Blake, 〈Forbes〉, 2016.9.9.)

39 3가지 전략 중 어느 것을 택하든 노동의 대가로 받는 임금으로는 평생을 살아가기 힘들다는 것을 깨닫게 되면서 직장인들은 부동산이나 주식, 인터넷 광고 수익처럼 노동을 하지 않는 동안에도 돈을 벌 수 있는 수동 소득(passive income)이나 포트폴리오를 통한 수익을 점차 필수 생존 전략으로 가져가게 된다.

40 Hypothesis-Driven Entrepreneurship: The Lean Startup 참조.

41 정글짐 형태의 복합적 커리어 학습 경력 모델에 대해서는 진로심리학자 이항심의《시그니처》(다산북스, 2020)를 참고하기 바란다.

42 이에 대한 심도 있는 논의는 "스페셜 리포트 부캐의 역습: 멀티 페르소나가 이끄는 조직문화, 소비 트렌드"(〈DBR〉 No.307, 2020.10.)를 참고할 것.

43 이에 대해서는 백영선 플라잉웨일 대표 인터뷰 기사인 "내 행복이 중심… 일의

형태는 유동적 역할 놀이하듯 다양한 부캐 필요한 시대"(장재웅, 〈DBR〉 No.307, 2020.10. Issue 2)를 참조할 것.

44 Emergent vs. Deliberate Strategy: How & When to use each(Tim Stobierski, Harvard Business School Online, 19 Nov. 2020)와 클레이튼 크리스텐슨의《당신의 인생을 어떻게 평가할 것인가》를 참고했다.

45 "Clear Is Kind. Unclear Is Unkind."(Brene Brown, brenebrown.com)

46 이 부분의 원고는 "오바마에게 배우는 리더의 소통법"(김호, 〈동아일보〉, 2021.9.1.) 을 일부 수정했다.

47 이 글은 "부하 직원의 솔직한 직언을 유도하는 리더십"(김호, 〈동아일보〉, 2023.8.1.) 을 가져와 수정했다.

48 "Alan Mulally for Ford: Leaders must serve, with courage"('Stanford Graduate School of Business', https://www.youtube.com/watch?v=ZIwz1KlKXP4)

49 "CEO만 30년, 길리어드코리아 이승우의 칼날 리더십"(폴인, 김호가 만난 뉴 리더, 2023)과 이를 바탕으로 만든 더랩에이치 뉴스레터의 글을 가져와 일부 수정했다.

50 《당신의 인생을 어떻게 평가할 것인가》(클레이튼 M. 크리스텐슨 외 2인 지음, 이진원 옮김, 알에이치코리아, 2012) 74-75쪽. 본서는 2020년 《하버드 인생학 특강》이라 는 제목으로 재출간되었다.

51 이 부분의 원고는 "자기 자신을 만나는 연말 행사"(김호, 〈동아일보〉, 2023.12.19.)에 서 가져와 수정했다.

52 이 문단의 글은 "'왓 두 유 원트': 제일 중요한 질문에 대하여"(김호, 얼룩소, 2024.2.13.)에서 가져왔다.

53 8개 모자를 찾기 위한 A-Z 질문 목록과 이에 대한 설명은 "'왓 두 유 원트': 제일 중요한 질문에 대하여"(김호, 얼룩소, 2024.2.13.)에 게재한 바 있다.

54 이 부분의 원고는 "자기를 인터뷰하자"(김호, 〈동아일보〉, 2021.12.22.)를 일부 수정 했다.

55 《행복의 발견 365》(세라 본 브래넉 지음, 신승미 옮김, 디자인하우스, 2021)

56 이 부분의 원고는 "자기만의 사전을 만들자"(김호, 〈동아일보〉, 2022.2.16.)를 일부 수정했다.

57 "84말고 66"(김호, 정약용 도서관 인문학 강연, 2022.1.27.)

58 에필로그의 일부 원고는 "좋은 결정을 내리기 위해 알아야 할 것들"(김호, 〈동아일 보〉, 2022.4.13.)에서 가져와 수정했다.

59 모건 하우절이 벌금과 입장료로 비유한 불확실성에 대한 해석의 차이가 직업을 만드는데 어떤 의미를 갖는지는 "상사가 '투자자'라면 나의 '투자 매력도'는"(김호, 〈동아일보〉, 2024.2.13.)에서 다룬 것을 가져와 일부 수정했다.

왓 두 유 원트?

첫판 1쇄 펴낸날 2024년 4월 30일
4쇄 펴낸날 2024년 9월 13일

지은이 김호
발행인 조한나
책임편집 곽세라
편집기획 김교석 유승연 문해림 김유진 전하연 박혜인 조정현
디자인 한승연 성윤정
마케팅 문창운 백윤진 박희원
회계 양여진 김주연

펴낸곳 (주)도서출판 푸른숲
출판등록 2003년 12월 17일 제2003-000032호
주소 서울특별시 마포구 토정로 35-1 2층, 우편번호 04083
전화 02)6392-7871, 2(마케팅부), 02)6392-7873(편집부)
팩스 02)6392-7875
홈페이지 www.prunsoop.co.kr
페이스북 www.facebook.com/prunsoop   **인스타그램** @prunsoop

ⓒ김호, 2024
ISBN 979-11-5675-494-7(03320)